유통물류를 위한
SI(시스템통합) 마케팅

권 중 호 · 조 광 행 공저

오성 미디어

머 리 말

현대 사회에서 컴퓨터는 더 이상 전문가만이 사용하는 문명이 아니다. 나아가 IT 기술 또한 어느 한정된 분야에만 적용되는 특화된 영역이 아니다. 모든 학문과 기술 그리고 비즈니스가 그 배경에 IT 기술을 적용하지 않고서는, 이제 진정한 가치를 인정 받을 수 없는 그러한 시대가 된 것이다.

이러한 사회적 요구는 결국 SI 비즈니스 시장 발전의 촉발제가 되었으며, 시간이 흐르면서 SI 비즈니스는 이제 거대 시장을 형성하게 되었다. 때문에, 이 시장에 참여하여 비즈니스를 구현하는 것은 현대 사회를 살아가는 우리들에게 너무도 당연시 되는 일일 것이다.

이처럼 무한한 가능성과 확장성을 가진 SI 비즈니스 시장에 참여하고자 하는 이들을 위해, 저자는 현장에서 터득한 SI 시장에서의 경험과 학자로서의 연구 결과를 토대로 SI 마케팅의 체계를 정의하였으며, 이에 대한 이해를 통해 독자들이 SI 시장에서 성공할 수 있도록 하고자 본 저서를 집필하게 되었다.

이 책은 SI 시장의 개념에서부터 SI 영업의 전략 및 전술, 영업정보관리 그리고, 공공부문에 적용되는 계약제도 등 SI 시장 전반에 대하여 알기 쉽게 기술하였으며, 사례분석을 통해 독자들이 보다 쉽게 SI 시장의 속성을 파악하고 이를 활용할 수 있도록 하였다.

저자는 본 저서가 SI 시장에 관심을 가지고 공부하시는 분들에게 좋은 길잡이가 되기를 바라며, 나아가 SI 시장에서 괄목할 만한 성과를 창출하기를 진심으로 바라 마지 않는다.

끝으로, 본 저서를 출판하기까지 도움을 주고 조언해 주신 모든 분들께 진심으로 감사를 드린다.

저자

차 례

제1편
SI마케팅 체계의 이해 및 활용 / 7

제2편
SI 영업 전략 전술 / 51

제3편
SI마케팅 체계의 이해 및 활용 / 65

제4편
MKT/Sales 교육 / 81

제5편
영업 정보 관리 / 85

부 록

제1편

SI마케팅 체계의 이해 및 활용

Contens

Ⅰ. SI 마케팅이란 ?
  1. SI 마케팅 핵심 속성
  2. SI 마케팅 개념 정립
  3. 목적과 범위
  4. 기본 방향
  5. SI 마케팅 핵심 체계
  6. SI 사업 추진 프로세스

Ⅱ. SI 시장 개발 방법론
  1. 시장 영역 개발 절차
  2. SI 마케팅 시스템
    A. SI 시장 분석
    B. 전략수립
    C. Sales Activity
    D. Sales Support
    E. 평가/분석
    F. 포스트 마케팅

Ⅲ. SI 영업정보 시스템 활용
  1. 시스템 개요
  2. 시스템 목적
  3. 시스템 Flow

Ⅰ. SI 마케팅이란 ?

1. SI 마케팅 핵심속성

일반 마케팅 속성	SI 마케팅 속성
제품,기술의 상품성	시장의 역동성
시장 점유율	기회 점유율 확대
체계적 구조	비체계적/관계지향적 구조 ▪ 공급자, 구매자, 외부-전략적제휴 – 내부 Partnership ▪ 마케팅 + 영업의 통합 시스템적 구조
1회성 경쟁	다회성 경쟁
전략적 사업단위 구성 요소	핵심 역량
4P:Product, Price, Place,Promotion	7P: 4P+Power, People, Process
고객만족(제품+기술)	고객감동(경로,가치)

2. SI 마케팅 개념 정립

고객감동을 실현하는 가치창출을 위해 SI 시장을 개발, 성장, 유지, 방어하는 제반 전략적 활동과 과정.

3. 목적과 범위

- 고객이 원하는 솔루션의 적시적 공급을 통한 매출 극대화
- 고객감동을 통한 장기적 이윤의 극대화

- 충족되지 않은 고객의 욕구를 발견해 내고, 그러한 욕구를 충족시켜 줄 상품 및 서비스를 고객에게 제공함으로써 조직의 목표를 효과적으로 달성

4. 기본 방향

- 고객 지향
- 미래 지향
- 가치 지향

5. SI 마케팅 핵심 체계

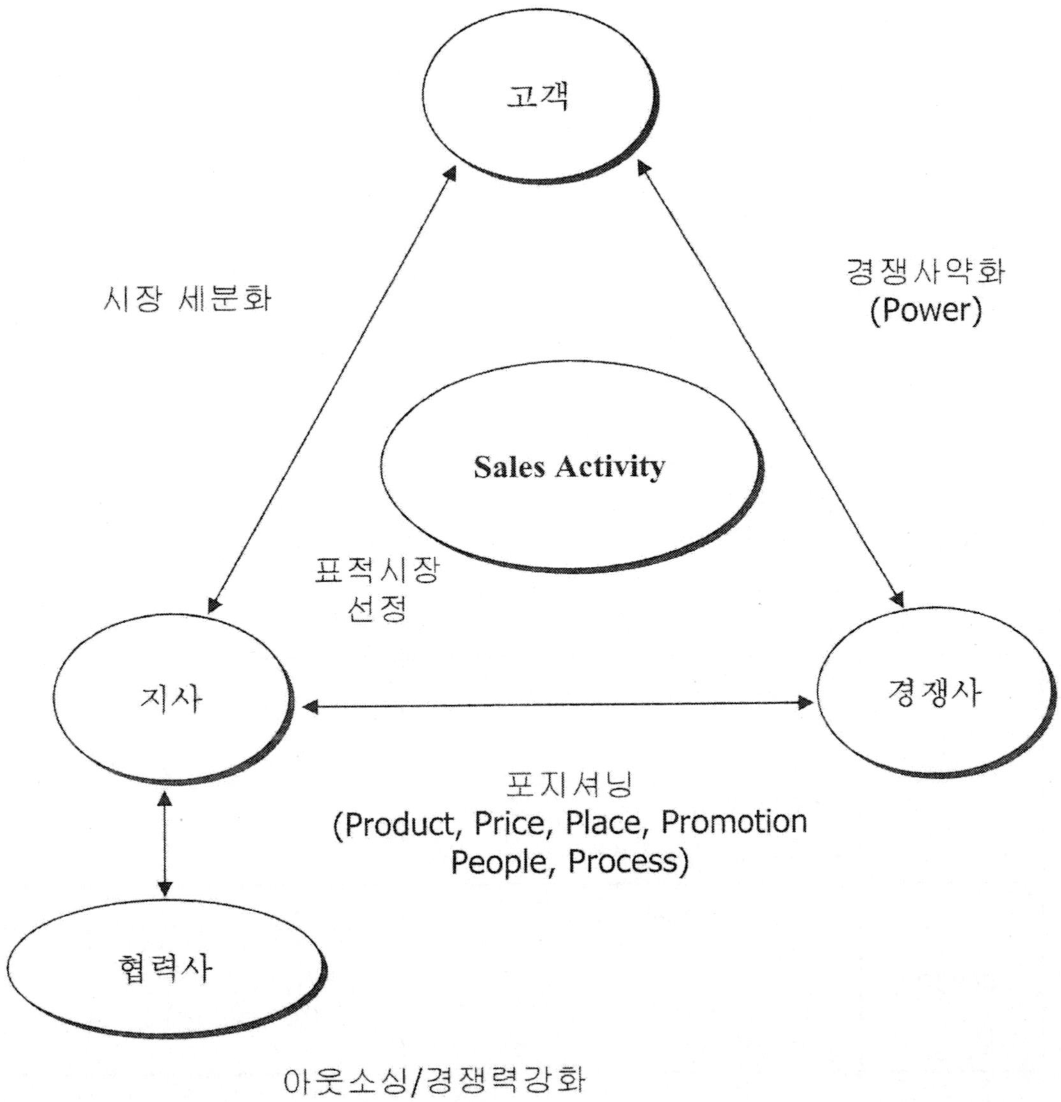
고객
시장 세분화
경쟁사약화
(Power)
Sales Activity
표적시장
선정
지사
경쟁사
포지셔닝
(Product, Price, Place, Promotion
People, Process)
협력사
아웃소싱/경쟁력강화

6. SI사업 추진 프로세스

단계	Action	필요(대응)사항
Discover	▪ Market Segmentation ▪ Target Market 선정 ▪ 정보수집, 분석 ▪ 사업기획 : 사업기획 지원	▪ 정보수집/분석력 - Power Base 파악 - 사업추진 가능성,예산 - 경쟁사 정보수집 ▪ 사업 기획력 - 사업목적,필요성,기대효과 구축전략,선진사례 등
Define	▪ 고객 Needs&Wants 파악 및 평가 ▪ RFP(or RFI) 작업 지원 ▪ 사업(경쟁)전략 전술 개발 ▪ Value Proposal	▪ PFP define with customer ▪ 입찰/낙찰/계약제도 이해 ▪ 사업 전략/전술 ▪ Value Proposal 작성전략
Confirm	▪ 사업(경쟁)전략 이해 및 전술 이행 ▪ 계약서 초안 작성 및 세부내용 검토 ▪ 사업수행을 위한 계약 체결	▪ 계약 세부내용 이해
Delivery	▪ 사업 수행계획서 작성 ▪ 사업 수행 ▪ 검수/인수 및 A/S (대고객 관계형성)	▪ 사업수행(개발)방법 ▪ 감리제도

Ⅱ. SI 마케팅이란 ?

1. 고객감동을 통한 장기적 이윤의 극대화

단계	Action	설 명
1	초기시장 영역정의	누가, 어디서, 무엇을 제공할 지를 설명하고, 시장 크기의 다양한 추정을 설명하는 초기 시장 영역 정의
2	시장분석 착수	계속되는 조사와 분석으로 초기 영역정의에 영향을 줄 수 있는 중요한 정보 찾기
3	시장영역 정의 Review	단계 2에서 모아진 조사와 분석 정보가 초기 시장 영역을 조정/확정하기 위해 사용됨
4	단계 2로 되돌아감	더 많은 조사와 분석이 프로세스를 통해 지휘되고, 영역정의는 지속적으로 update되고 조정/확정됨

* 시장영역 항목

- 누구에게 제공하는가?
- 무엇을 제공하는가?
- 어디에서 경쟁하는가?
- 시장의 크기

2. SI마케팅 시스템

경영 전략 연계
A. SI 시장분석
시장 역동성 (Current Market Key Issue)
시장 세분화 (Segmenting)
표적고객선정 (Targeting)
B. 전략수립
전략설정(가치제공) (Positioning:Value Proposition)
대경쟁 약화 (Back Attack)
마케팅 실행계획 (Action Plan)
C. Sales Activity
영업활동 (Sales Activity)
D. Sales Support
사업Process별 대응Skill
영업전략 System
제안
지원
영업기반.System (인센시브,교육등)
F. 평가/분석
Feed Back (Market/sale Monitoring sys)
결과측정/분석 (Win-Loss 분석)
F. 포스트마케팅
전략적 대안 개발 (Marketing/Sales Method)
영업력 강화. 정비
시장구조 혁신
Next marketing Concept
전사 Marketing Communication

A. 시장분석

1) 시장 역동성(Current Market Key Issue)

: 표적 고객을 선정하는데 있어 시장의 역동성 이해는 매우 중요.

- 시장(혹은 세분시장)의 끊임없는 변화
  - 어떠한 시장이 움직이고, 왜 움직이는지 동향 파악
- 추이와 원인분석
  - 시장조사 및 정보 활동을 위한 다양한 채널을 통하여 현재시장, 고객의 시장의 경향분석
- 시장의 역동성 조사
  - 정부, 경제, 기술, 사회적인 요소 뿐만 아니라 경쟁적 환경을 포함

구분	변화요인	결 과
경제 환경	▪ 시장개방 및 시장 자유화 ▪ 수요자 중심의 시장 환경 ▪ 삶의 질 향상	▪ 세계적 경쟁 ▪ CRM 활용 중대성 증대 ▪ 품질의 중요성 증가
시장 환경	▪ Outsourcing 의 증가 ▪ 공공부문 수요 예보제 ▪ 대/중/소기업의 시장부할 경쟁강화	▪ IT 사업시장 매력도 증가 ▪ 다양한 분야의 시장 발생 ▪ 협력체제 강화, M&A활성화
정치 환경	▪ 규제완화 ▪ 지적재산관 보호강화 ▪ 환경보호/재난관리의 관심 증가 ▪ 국가 경쟁력 강화의 근간	▪ 호의적 사업환경 조성 ▪ 환경 및 재해관리 수요증가 ▪ 대규모 공공 프로젝트 생성
기술 환경	▪ 인터넷 ▪ Client/Server(Web) ▪ Open Architecture	▪ 기술우위 확보를 위한 체제 정비 ▪ 인터넷의 활성화

(1) 국가 정보화 추진 방향 이해

- 정보화 촉진 계획 및 방향의 명확한 이해
- 시행 주체/세부 시행계획 확보
- 정보화 관련 법령 개정 이해/대책 확보(적극적 의견 반영 노력 경주)
- 중앙정부/지자체 연계사업 시장 선별(표준정립)

(2) 민간시장 정보화 추진 방향 이해

- 업종별 선진국 및 선진사 정보화 추진 방향 분석
- 고객이 필요로 하는 솔루션 선점을 통한 잠재시장 확보

(3) 시장 Life Cycle 예측

도입기 → 성장기 → 성숙기 → 쇠퇴기(안정/재성장)

Cycle	특 징
도입기	▪ 판매가 원만하게 증가, 막대한 비용이 소모 저 이윤 고투자
성장기	▪ 판매량 증가에 따른 이익증대 ▪ 새로운 경쟁자 시장 진입 ▪ 기업이 운영하는 자금흐름은 향상
성숙기	▪ 산업성장 둔화 ▪ 가격과 Performance 가 같은 상품 경계선 내에서 시장점유율 ▪ 일부 기업은 경쟁자 잠식에 의해 실패할 수 있으며 M&A 행위가 증가
쇠퇴기 (안정/재성장)	▪ 경쟁은 격화되고 이익은 감소 ▪ 더 나은 시장을 창출하고 새로운 제품 채택

* 가치 이용의 3단계

<table>
<tr><th>가치유입
단계</th><th>가치인정
단계</th><th>가치유출
단계</th></tr>
<tr><td colspan="3">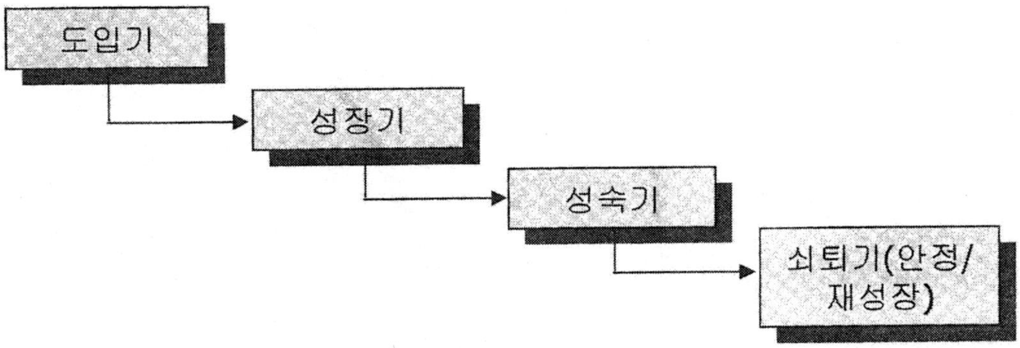
</td></tr>
<tr><td>• 업종내의 다른 부문에서 가치를 유입하는 시기
• 사업설계로 고객관심 충족
• 기존 경쟁사들이 파악하지 못하거나 간과한 고객의 관심 발굴</td><td>• 고객의 관심사에 일치된 사업 설계
• 고객 관심사의 변화 속도와 신규 요구조건에 따라 변화
• 제공 가치의 완만한 성장 예상</td><td>• 시장 규모의 포화단계
• 신규사업 설계
• 가치유출의 속도 증가</td></tr>
</table>

(4) IT 시장 변화 추이

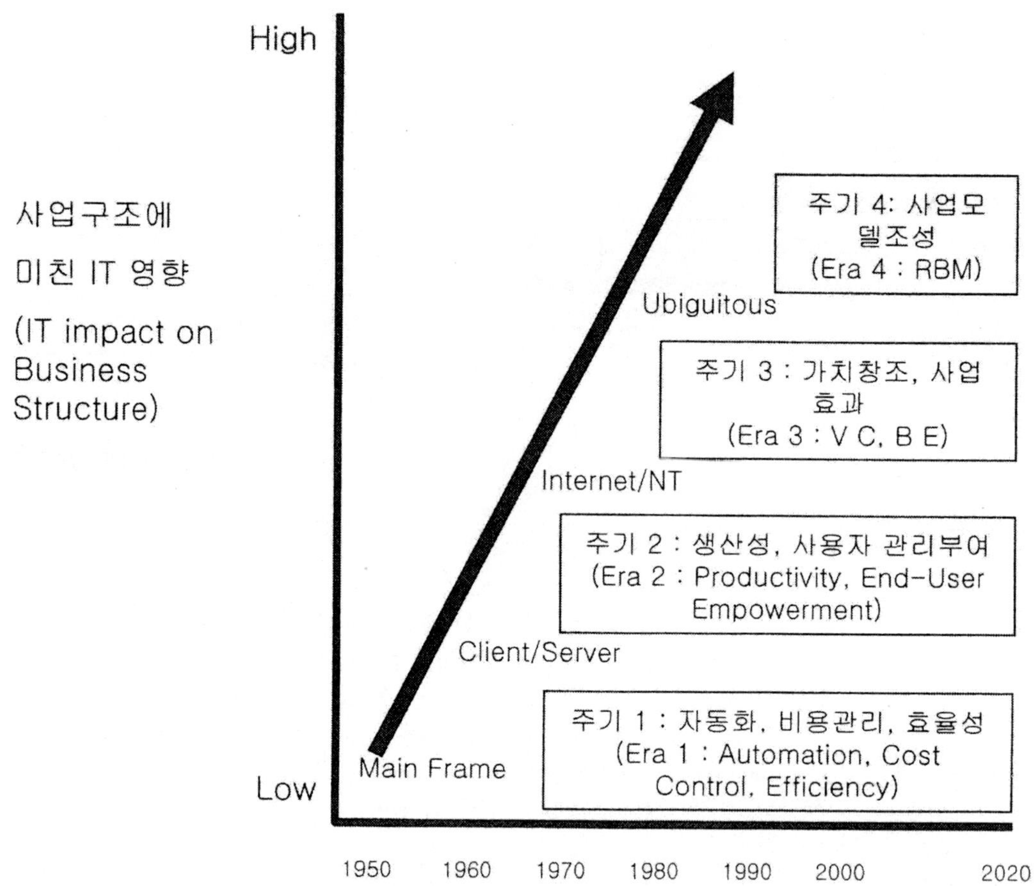

- RBM : Reshaping Business Model
- VC : Value Creation
- BE : Business Effectiveness

- 시장 경쟁강화/기본 기술 가격 하락
- Back-Room 중심의 경쟁우위(Cost,Time,Quality)에서 Front-Office 중심의 자원(Marketing,Sales,Environmental Scan)으로의 영역 확대

  => 기업생존을 위한 필수요소
- 고객요구 대응을 위한 거대한 제품, 서비스, 유통망의 확보에서 전략적 제휴, 가상기업 (Virtual Enterprise), 연결된 가치체인 (Integrated Value Chains)으로 전환

2) 시장 세분화

: 시장 세분화란 전체시장을 구성하는 잠재 고객들을 동질적인 하위 시장들로 나누어 분리하는 과정

(1) 목적

- 단 하나의 마케팅믹스를 제공하기 보다 구체적인 세분 시장들이 원하는 바에 맞추어 제품을 개발하고, 마케팅 노력을 집중함으로써 경쟁자에 차별적우위 확보

(2) 절차

- 시장 세분화 목표(조사의 목적)를 명확하게 설정
- 세분시장을 정의하거나 묘사하기 위한 근거 선정
- 전체시장을 세분하기 위하여 사용할 기준(세분시장 정의변수) 선정
- 세분시장 정의변수에 의해 분리된 각 세분 시장들을 여타의 변수(세분 시장 묘사 변수)들로서 묘사하여 세분시장 프로파일 작성

(3) 사업기회 정의

- 목표시장에 제공할 가치 정의
- 자사가 제공할 Solution 의 정의 및 강약점 분석
- 경쟁사 Solution의 정의 및 강약점 분석
- 자사 Solution 의 차별화 방안 및 Architecture
- 고객의 효과정의
- 자사의 가격정책

(4) 시장 세분화 접근법

소비 시장	■ 인구 통계적 세분화 연령/성별/가족규모/가족생활주기/소득 /직업/교육/종교/인종/세대/국적/사회계층 등 ■ 지리적 세분화 지역/도시 또는 대도시/규모/인구밀도/기후
산업 시장	■ 산업 특성 산업구분/기업규모/지리적 위치/시장 Life cycle ■ 구매방식 구매기능조직/권한구조/(기술/재무)/기존관계의 성격/전반적 구매방침/구매기준(품질,가격,서비스) ■ 상황요인 긴급성/특수' 용도성/주문규모 ■ 개인적 특성 구매자,판매자 유사성/위험에 대한 태도/충실성

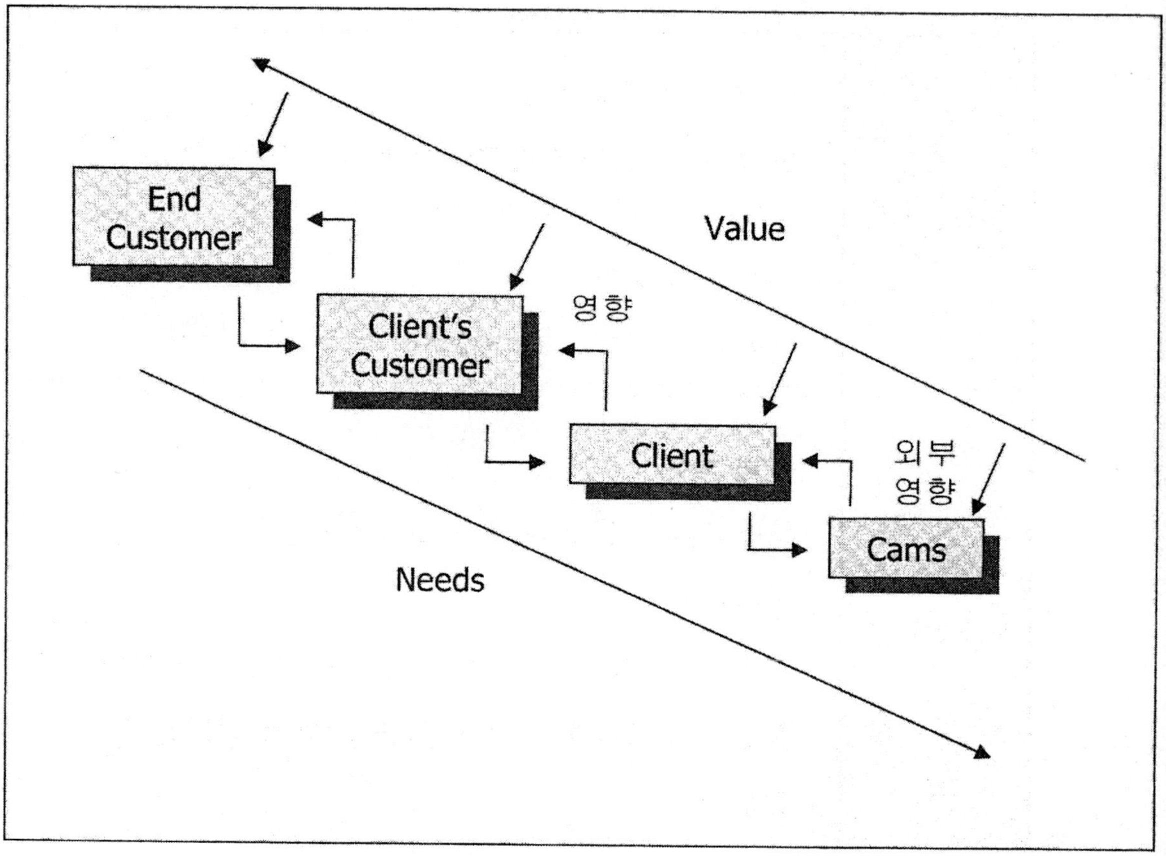

* 한 시장이 어떻게 다른 시장에 영향을 주거나 상호 관련되어 있는지 조사
* 시장의 추이와 영향 분석을 통한 시장 전망

(5) 시장 세분화 예제 : 1 단계

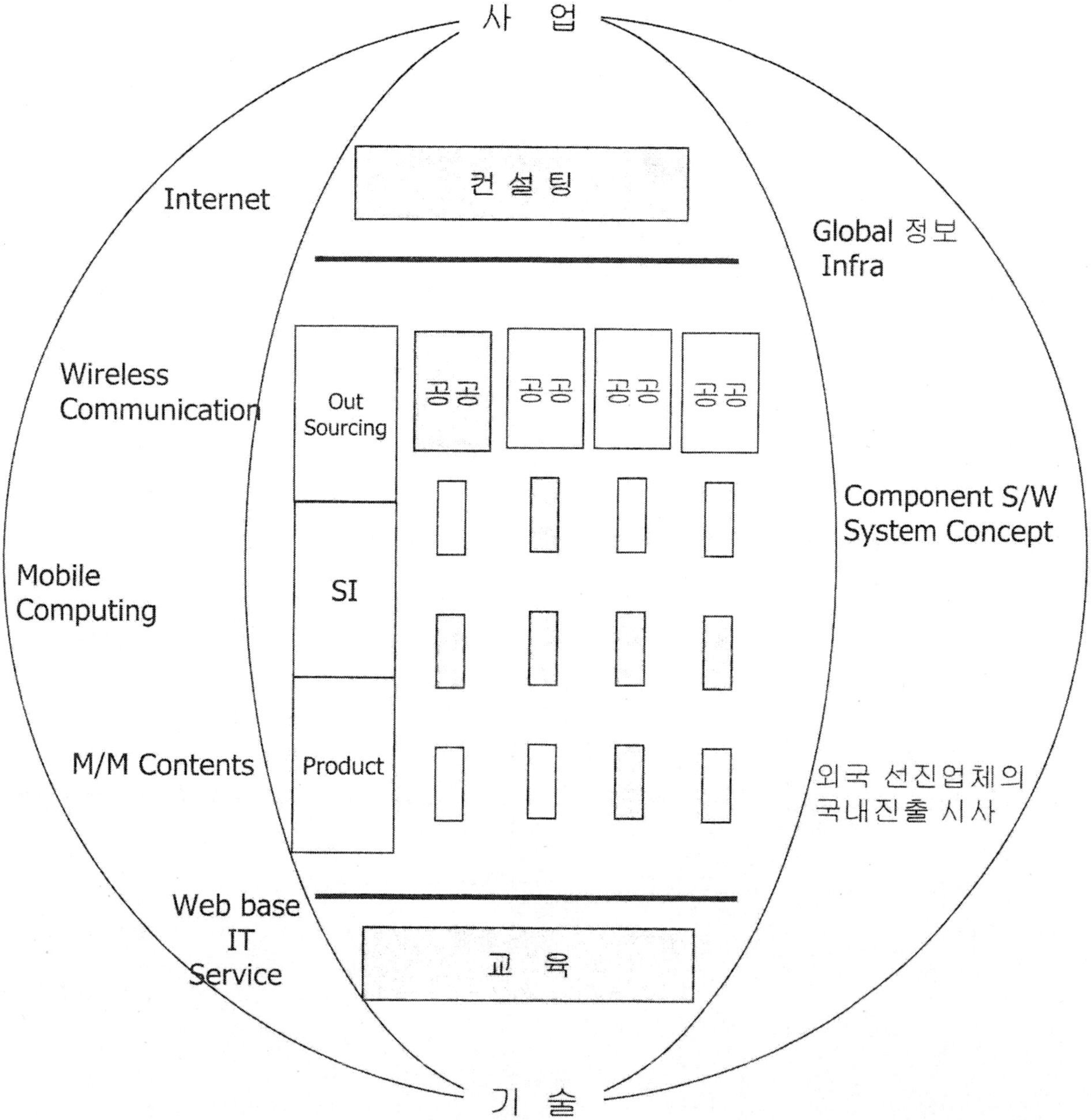

* H/W, S/W Resale 제외

(5) 시장 세분화 예제 : 2 단계

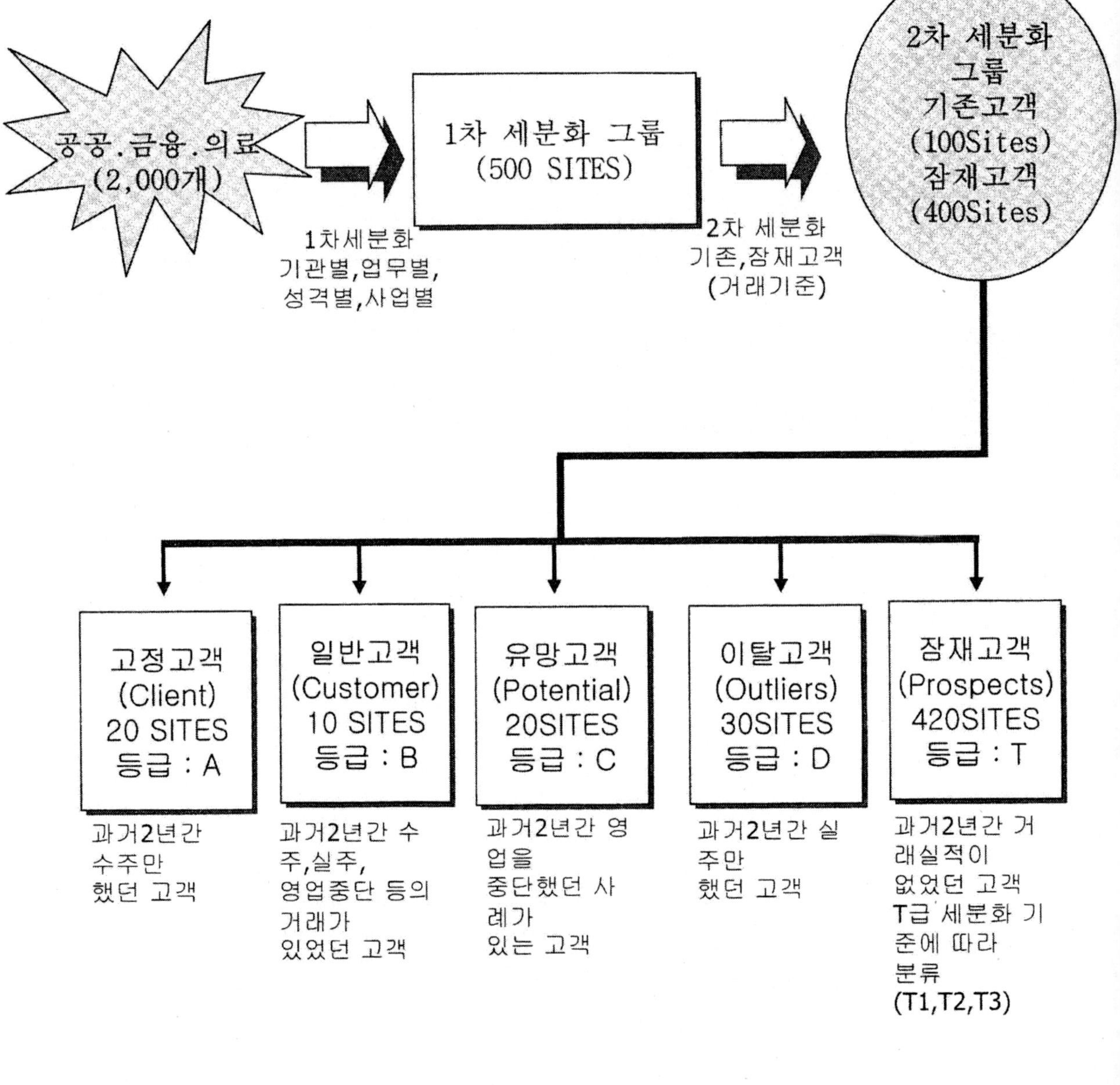

* T급 세분화 기준

<table>
<tr><th rowspan="2">기준항목</th><th colspan="3">고객등급</th><th rowspan="2">비고</th></tr>
<tr><th>T1</th><th>T2</th><th>T3</th></tr>
<tr><td>고객특성</td><td>영리.수익</td><td>비영리.수익</td><td>비영리.특수</td><td rowspan="13">■ 현장 확인을 통하여 확정
■ 지속적 보완관리
- 추이에 따라 기준항목 조정</td></tr>
<tr><td>고객 최고 경영층의 의지</td><td>강</td><td>중</td><td>약</td></tr>
<tr><td>고객사업 Life Cycle</td><td>가치인정</td><td>가치유입</td><td>가치유출</td></tr>
<tr><td>고객의 고객관계</td><td>대국민,불특정다수</td><td>특정다수,영역</td><td>정부,상급기관 보좌대행</td></tr>
<tr><td>고객의 정보화 지수</td><td>상</td><td>중</td><td>하</td></tr>
<tr><td>시장매력
(향후 3년내)</td><td>확산</td><td>유지</td><td>쇠퇴</td></tr>
<tr><td>사업영역/소재지
(지방연락사무소 제외)</td><td>전국적 규모</td><td>2~3개 특정 지역</td><td>단일지역</td></tr>
<tr><td>연간매출규모
(사업비)</td><td>300억 이상</td><td>100~300억</td><td>100억 이하</td></tr>
<tr><td>조직.인원
(상시 고용인원)</td><td>400명 이상</td><td>100~400명</td><td>100명 이하</td></tr>
<tr><td>전산조직</td><td>15명 이상</td><td>10~15명</td><td>10명 이하</td></tr>
<tr><td>연간 정보화투자</td><td>5억 이상</td><td>3~5억</td><td>3억 이하</td></tr>
<tr><td>가격 민감도</td><td>비탄력적</td><td>중립</td><td>탄력적</td></tr>
<tr><td>경쟁 유무</td><td>신규거점</td><td>중소/중견 기업거점</td><td>Major-5 거점</td></tr>
</table>

3) 표적고객 선정(Targeting)

(1) 표적고객 평가

: 상이한 세분시장을 평가하기 위해서는 두 가지 요인 고려

✓ 세분시장의 전반적인 매력성
✓ 기업의 목표와 재원 고려

(2) 표적고객 선별 기준

① For[목표고객]: 세분시장 중 목표고객선정

② Who[필요사항]: 고객에게 제공할 가치(어떤 사람들이 필요한가?)

③ Product[Solution,Service]:고객의 need 를 충족시킬 수 있는 제품/서비스/솔루션

④ That Provides[탁월한 기능/경쟁력]: 제품/서비스/솔루션이 제공하는 경쟁우위

⑤ Unlike[경쟁사 비교]: 경쟁사가 제공하는 제품/서비스/솔루션과 비교

⑥ Best Product[차별화]: 고객에게 확신을 주는 제품

(3) 세분시장 선정 전략

구 분	내 용
단일세분 시장집중	■ 집중할 하나의 세분시장 선정 ■ 장점 : 세분시장에서 강력한 위치 확보 ■ 단점 : 정상적인 이상의 위험 내재
제품 전문화	■ 다양한 여러 세분시장에 판매할 수 있는 제품 생산에 집중 ■ 장점 : 전문적인 제품분야에서 강한 명성 구축 ■ 단점 : 새로운 기술 대체 시 위험 발생
시장 전문화	■ 특정 고객집단의 여러 가지 요구를 충족시키는데 집중 ■ 장점 : 강한 명성 획득 ■ 단점 : 고객집단의 예산축소 및 구매 감축시 엄청난 위험 발생
선택적 전문화	■ 몇 개의 세분시장 선정 각각의 세분시장은 객관적으로 매력적 ■ 장점 : 기업의 위험을 다양화 ■ 단점 : 세분시장 간 시너지 효과 없음
전체시장 확보	■ 모든 고객 집단들의 필요로 하는 모든 제품을 전체 고객 집단에게 제공 ■ 무차별적 마케팅 : 하나의 제품으로 전체시장 구축 ■ 장점 : 비용절감, 판매촉직 ■ 단점 : 비용증가, 가장 세분시장에서 각각의 세분시장에 대해 상이한 전략 전개

B. 전략 수립

1) 기본 전략과제(7S)

항 목	내 용
전략(Strategy)	■ 현재 회사가 추구하는 경영전략은 ?
조직(Structure)	■ 프로젝트 수행을 위한 조직은 구성되어 있는가?
시스템(System)	■ 고객이 필요로 하는 가치를 제공하며, 매출을 올릴 수 있는 시스템은 있는가?
구성원(Staff)	■ 맡겨진 임무를 수행할 기술력과 전문성, 신념이 있는 인적자원은 있는가?
핵심역량(Skill)	■ 고객의 요구를 만족 시킬 수 있는 기술력의 확보와 영업 방안은 있는가?
조직문화(Style)	■ 프로젝트의 성공을 위하여 전사적인 차원에서 지원하는 조직문화인가?
공유가치(Shared Value)	■ 상기 항목의 정착화를 통하여 조직원의 공통된 비젼을 형성할 수 있는 공유가치는 있는가?

2) 전략 설정

(1) 절차

① 명확한 Targeting

② 명확한 Positioning

: 고객의 마음속에 경쟁사와 구별되는 차별화 포인트를 심어주는 것

* 차별화 포인트 = 고객가치, 가치제안(Value Proposition)

③ 차별화 포인트 고객지각 유도

④ 제품 차별화의 극대화

(2) Value Proposition

특정 고객에게 제공되는 구체화된 의견으로 수량화 된 예측결과를 제공함.

따라서 고객이 알고 싶어하는 가치의 양과 질 및 측정방법에 대한 명확한 해답을 내재하고 있어야 함.

(3) 가치제공 전략

가치제공 체인

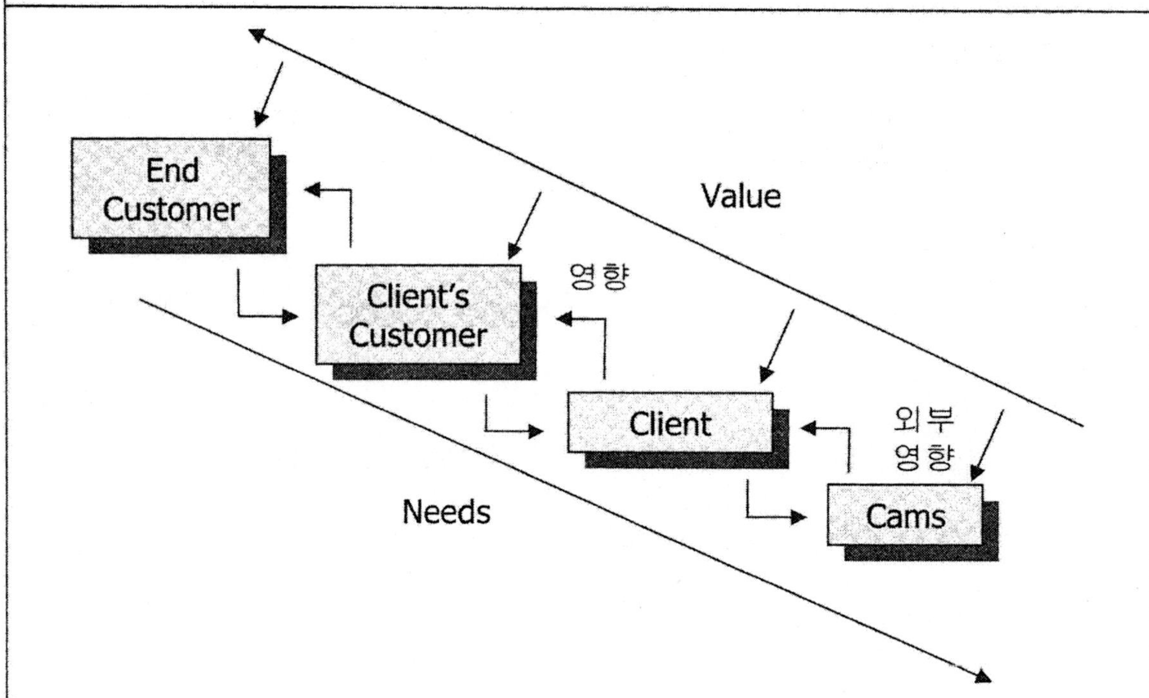

가치 공식의 전개	
기술적 가치	정보화 평가결과(CSI) 정량적 가치 정상적 가치
사업적 가치	Value = Benefit - Total Cost Benefit -기본적 Benefit -차별적 Benefit -정치적 Benefit Cost - 기본적 Cost - 차별적 Cost - 정치적 Cost

3) 경쟁사 경쟁력 약화(Back Attack)

(1) 당신의 경쟁사는 누구인가?

Answer) 우리는 새로운 기술을 가지고 있으므로 경쟁상대가 없습니다.

경쟁사가 없다는 것은 시장이 없다는 것과 같습니다.

구 분	특 징
직접 경쟁사	■ 시장에서 동일한 제품으로 항상 경쟁적인 위치 ■ 성장기,성숙기에 다수 경쟁 ■ 가시적인 경쟁사 출현
대체 경쟁사	■ 동일 특성의 제품은 아니지만 시장에서 고객의 Needs를 대체할 수 있는 경쟁사 ■ 도입기,퇴조기에 경쟁 ■ 가시적인 경쟁사 출현
잠재 경쟁사	■ 현재는 수면 위로 드러나지 않지만, 언제나 경쟁의 위치가 될 수 있는 회사

(2) 경쟁사 분석

① Size,성장,수익성

: 경쟁하거나 새로운 시장에 진입하기 위한 회사능력이나 지표를 제공.

고도성장은 강력한 경쟁자를 수반하고, 수익성이 있는 사업은 관심의 대상.

② 비즈니스 목표, 추정, 전략적인 의도

- 어떤 Markets/Segments를 그들은 Targeting 하는가?
- 어떤 Markets position 을 목표로 하는가?
- 어떤 Finical Target 을 세웠는가?
- 어떤 Markets Solution 에 특별히 Focusing 하는가?

③ 현재와 과거의 경쟁력 전략

④ 조직, 문화, 비용구조

⑤ 경쟁사의 강점은 무엇인가?

- 강점을 약화시킬 수 있는 방안은?

⑥ 경쟁사의 약점은 무엇인가?

- 약점을 부각시킬 수 있는 방안은?

⑦ 중요한 고객 Relationships, 동맹, Partnerships과 Joint Ventures

- 전략, 강점, 약점, 기호를 판단하는데 중요한 정보를 제공

(3) 대 경쟁사 전략 수립

구분	개 념	비 고
직 접	▪ 기술, 자격, 섭외, 지명도 등 최적 결합	포 기
우 회	▪ 기존 지침, 원칙의 변경 ▪ 파워, 제안의 수정(새로운 ISSUE)	
분 할	▪ 약점의 보완, 강점 부각 ▪ Time Frame 의 붕괴추진 가속화	협 력
봉 쇄	▪ 교란 ▪ 경쟁우위 요소들간의 전략적 제휴, 협력 등	

(4) 대 경쟁사 전술 수립

<table>
<tr><th>구 분</th><th colspan="2">실행 전술</th><th>실행 개념</th></tr>
<tr><td rowspan="4">경쟁자원
의
약화
조정</td><td rowspan="2">타이밍</td><td>가 속</td><td>■ 유리한 경쟁구도 하에서 프로세스의 속도와 에너지를 증가</td></tr>
<tr><td>강 속</td><td>■ 불리한 경쟁구도 하에서 경쟁종료 억제</td></tr>
<tr><td rowspan="2">자원
배분</td><td>블랙홀</td><td>■ 경쟁사의 경쟁자원 동결, 오용촉진(영업력 등)</td></tr>
<tr><td>연 막</td><td>■ 자사 핵심Winning Point 의 노출방지, 제안시 공표</td></tr>
<tr><td rowspan="4">고객환경
의
사전
조정
(공격적)</td><td rowspan="2">제안
Solution</td><td>아킬레스</td><td>■ 고객 요구사항의 취약부분을 최대한 노출하여 사업 이슈와 연계</td></tr>
<tr><td>평가절하</td><td>■ 최대 경재우위 요소를 파악하여 경제성 상실에 연계</td></tr>
<tr><td rowspan="2">활동
계획</td><td>고객조정</td><td>■ 경쟁사의 목표, 전략, 전술에 대한 고객
의 방어 유도</td></tr>
<tr><td>자멸유도</td><td>■ 부정적 영업전술을 전개하는 경쟁사에 대하여 역신뢰 실추</td></tr>
</table>

4) 마케팅 실행 계획

(1) 수립 절차

절 차	내 용
1. 마케팅 상황 분석	▪ 잠재 고객들의 Needs, 구매행동 특성의 현황 및 변화추세 분석 ▪ 마케팅 활동과 관련된 외부적 환경요인 현황 및 변화 추세 분석 ▪ 전체시장과 주요 세분시장별 규모와 변화 추세 분석 ▪ 제품별 매출액, 시장점유율 변화 추세 분석
2. SWOT 분석	▪ 상황 분석에서 포착된 중요한 정보로 기회/위협이되는 시사점 도출 및 조직의 강점/약점 평가
3. 목표 설정	▪ 목표 설정 및 목표달성에 수반되는 문제점(계량적 표현, 시간성, 현실성, 일관성이 있어야 함) 고려
4. 마케팅전략 수립	▪ 구성요소 : 시장 세분화, 표적시장 선정, 목표 포지션의 선정, 마케팅 믹스
5. 실행계획 수립	▪ 구체적으로 누가 언제 어디서 어떻게 수립할 것인가를 명확하게 규정
6. 예산 편성	▪ 소요되는 비용과 예상되는 수익에 대비하여 예산 편성
7. 통제방법과 피드백 매커니즘의 세계	▪ 목표, 예산을 월이나 분기별로 나타내고, 구체적인 통제 방법을 제시하여 문제점을 적시에 발견, 적절한 수정 조치를 취할 수 있도록 함.

C. 영업활동(Sales Activity)

1) 영업활동 단계

(1) 사업 기획/개발 단계(Discover)

추진 절차	■ 동향분석-> 타당성검토-> 사업Item선정-> 사업계획수립(기술/투자상의)-> 기본실행 계획확정
주요 활동 내용	□ 고객현황의 파악 - 예상 프로젝트 명, 담당 고객 주요인사 - 고객의 제품/서비스 판매현황 및 CSF - 고객의 주요 경영과제 및 성공평가 기준 - 고객과 관련된 선진업체 Benchmarking - 고객과 자사, 경쟁사와의 관계검토(사업적 관계/인맥관계) - 인맥상 경쟁우위 여부 분석 및 대응방안 □ 예상 프로젝트의 사업성 파악 - 사업에 대한 고객의 적극성 파악 - 고객의 재무적 안정도 평가 - 고객의 사업추진 동기의 명확성 평가 - 예상 프로젝트 위험도 평가 - 예상 프로젝트의 전략적 시너지 평가 - 자사능력대비 위험도 평가 - 추가적인 사업수주 가능성 평가 □ 예상 프로젝트 성공 가능성 파악 - 자사의 IT 적용능력 평가 - 자사 경영층의 프로젝트 관심도 평가 - 자사에 대한 고객의 선호도 평가 - 고객 핵심 인물과의 관계 평가

(2) 제안 단계(Define)

추진 절차	■ 예산요구/심의편성->당해 년도 계획수립->외주 심의 및 승인->RFP작성
주 요 활 동 내 용	❑ 예산요구/투자심의 작성 ❑ 당해 년도 계획 수립 * 사업계획 작성 기대 효과 -> 계약 성공률 제고 기여 - 정부 계약제도의 차별적 적용 유도 - 기술평가 모형의 완벽한 Simulation - 핵심의사 결정 체계 확보 : 실체적 영향력 행사체계까지 확대 확보 -> 수익성 재고 - 예산 편성 시기와 사업추진 개시 시기에 따른 추가비용 극복 - 발주 공공기관의 요구사항 및 적정 사업금액의 균형 도모 ❑ RFP 작성

(3) 계약 단계(Confirm)

추진 절차	▪ 입찰/제안서 접수->기술평가->예정가격->낙찰/계약체결
주 요 활 동 내 용	▫ 경쟁사의 전략 파악 - 경쟁사 Solution의 강약점 분석 ▫ 경쟁우위 확보 방안 수립 - 계획/Action Plan/예상효과 분석 ▫ 고객 Relation 구축 우위 방안 수립 - 고객의 조직도 및 담당임원 성향 평가 - 주요인물 포섭전략 수립 ▫ 제안 내용 정의 - 제안 금액 대 투입비용 - 계약형태 및 법적 안정성 - 계약 기간 - 제안서 작성

(4) 사업 및 확산 단계(Dilivery)

추진 절차	■ 개발방법론에 따른 사업 추진 및 확산
주 요 활 동 내 용	❑ 프로젝트 이행의 필요자원 분석 - 자사가 준비할 핵심자원 - 고객으로부터 협조 받아야 할 요소 - 자사와 고객간의 커뮤니케이션 방안 ❑ 추가 프로젝트 확보를 위한 활동계획/목표 수립 - 계획/Action Plan/예상효과 분석

단계	개 념
제안	■ 마케팅 방법론 /tool 확보 ■ 고객 Needs의 명확한 파악 ■ 차별화된 솔루션 확보 ■ 고객을 확신시킬 수 있는 설득력 확보
계약	■ 투자비용 대 효과의 과학적 합리적 검증 방법 개발 ■ 프로젝트 수주 경험 강조
사업 수행	■고객의 문제점과 Needs를 명확히 파악/분석할 수 있는 컨설팅 능력 ■ 협력업체 통합 관리 능력 ■ 프로젝트 관리 능력
고객 관리	■ 고객과의 지속적인 의사소통 ■ 고객 리드능력 배양 ■ 만족/불만족 요소 파악

2) 고객의 관점에서 보는 영업활동

(1) 효과적이고 효율적인 솔루션 확보

① 효율적(Efficiency)

- 성능향상(Improving Performance)
- 비용 절감(Decreasing Costs)

=> 올바른 방법을 통한 업무수행(Doing Things Right)

② 효과적(Effectiveness)

- 기술활용 고객지원(Applying Various tech to help users)
- 기업 전략 및 기획 가용화(Enable the enterprise strategy & plans)

=> 올바른 업무수행(Doing the Right Things)

(2) 효율성 및 효과성 검증법

① 효 율

- 적정 가격 VS 실제 가격
- 예상 성능 VS 실제 성능
- 하고자 하는 것이 무엇인가? VS 무엇을 할 수 있는가?

② 효 과

기술적 특성	과정적 특성	조직적 특성
-전략적 기본양식	-목표와 구조	-특성
-운영상의 특성	-기능의 범위	간부비율
-기능의 범위	-회신경로	-책임의 한계
-자동화 정도	-예외규정	-기술력
-감독/조정기능	순서/흐름도	-교육
-호환성	-포함내용	-업무 이력

D. 영업지원(Sales Support)

* 인센티브, 교육 등 회사 고유의 지원 프로그램 개발 및 적용

★ PJT Card 샘플

담당부서		영업대표		형태구분	신규( ), 기존( )		
고객명		수주예상액		수주확도	%	PJT기간	
1. 개요							
2. 고객정보							
3. 주요 경쟁사							
4. 진행 내용							
5. 추진 일정							
6. 수주 전략							
7. 의사결정 구조						Key Man 정보	
8. KSF							
9.특이 사항							
10. 후속 사업	PJT명: 규모: 기간:						

E. 평가 · 분석

1) 경쟁사 사례연구

(1) 사례연구 체계

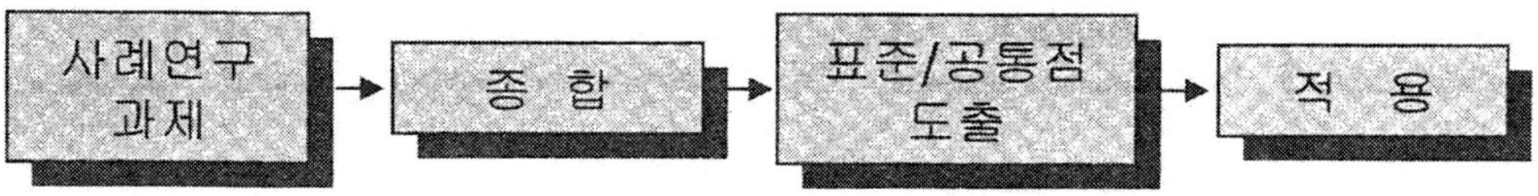

(2) 사례연구 내용

① 수주율,한계이익률,매출/수주액 등 영업지표 분석 기준
② 경쟁사 영업 경쟁력
③ 수주Site 특징/의사결정권자 성향
④ 향후 후속 프로젝트 수주를 위한 보완요소
⑤ 특정 Site 영업시 반복되는 문제점

a. 초기 정보 획득 시기 및 방법
b. 대고객 대응 방안
c. 기존 영업 방법의 한계점
d. 신규 영업 방법의 장단점
e. 투입인력의 수와 역량단계의 적절성

F. Post Marketing

1) 영업력 강화.정비

2) 시장 환경변화/ 구조 재점검

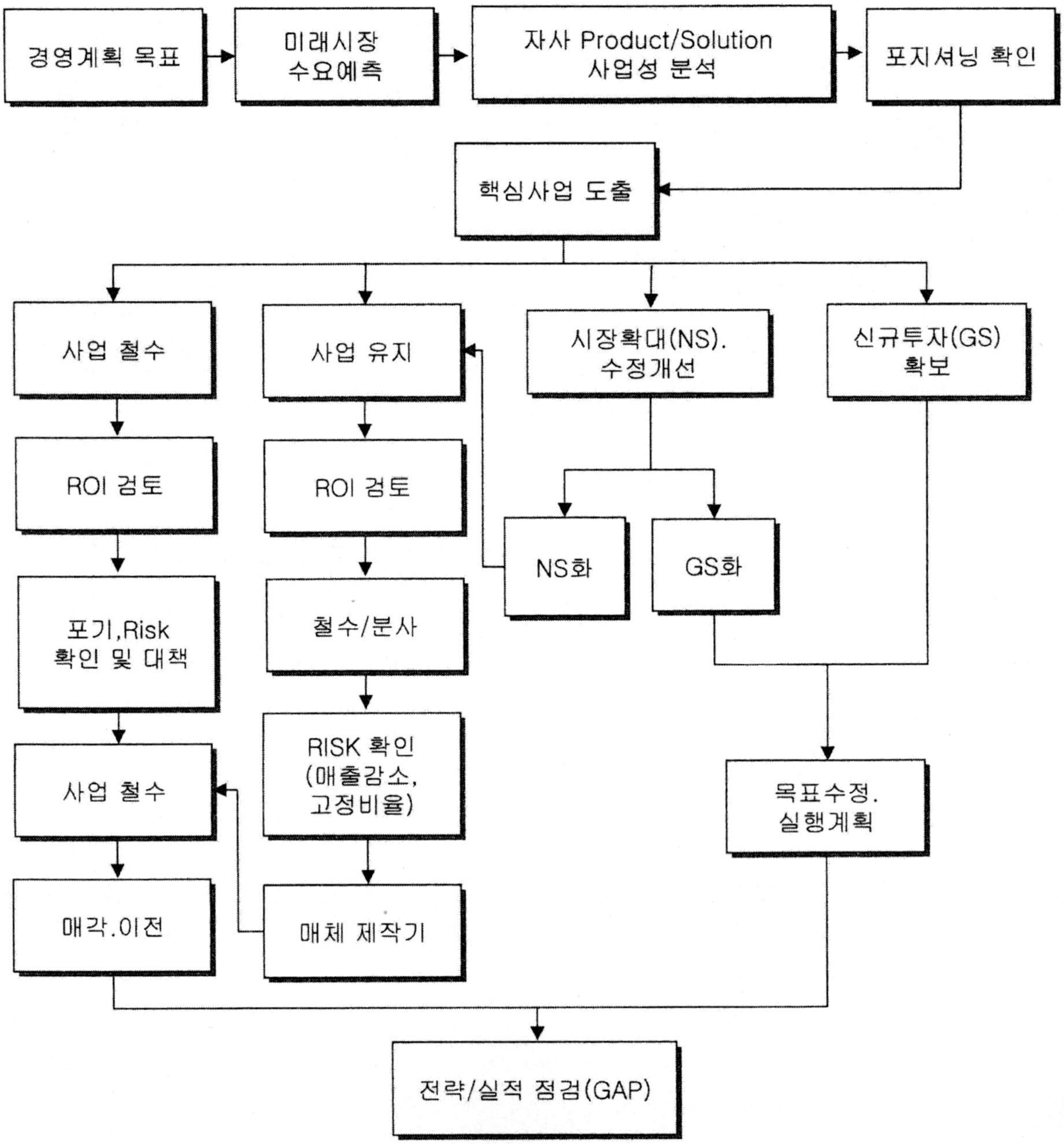

3) 언론 홍보 및 대 고객 인지도 확산전략 수립

(1) 긴밀하고 적시적인 홍보활동 시행

- 전사 홍보부서 와 홍보 전략 병행 수립
- 언론 인맥 구축 및 활용

(2) 대 고객 인지도 확산

- 고객(영업정보)채널 구축 및 효율적 활용방안 강구
- 다양한 고객 접근방안 개발 활용

4) Next Marketing Concept 개발/적용

(1) 기존/수주 고객

- 사업 확산 전략 수립
- 고객관계 강화 방안 수립

(2) 신규/실주 고객

- 신규시장 침투 전략 수립
- 실주 분석/거점 시장 탈환 전략 수립

Ⅲ. SI 시장 개발 방법론

1. 시스템 개요

SI 영업정보시스템은 SI사업추진 프로세스의 첫번째 단계인 Discover(사업기획/개발)단계에서 부터 마지막 단계인 Delivery(사업추진,확산)단계까지 수집된 영업관련 정보를 저장, 분석하여 효과적으로 대응할 수 있게 하며, 회사의 자산을 효율적으로 운영 가능하게 하는 시스템

2. 시스템 목적

- 영업정보의 공동활용을 통한 Win Rate 제고
- 프로젝트 관련 발주사 인맥 조사 및 사내 인맥 효율적 활용
- 사업관련 고객사, 경쟁사에 대한 체계적인 정보 수집/활용
- 정보공유를 통한 업무의 효율성 향상
- 수주/실주 분석의 기초 활용을 통한 사업 전략 수립 활용
- Reusability 재고

3. 시스템 Flow

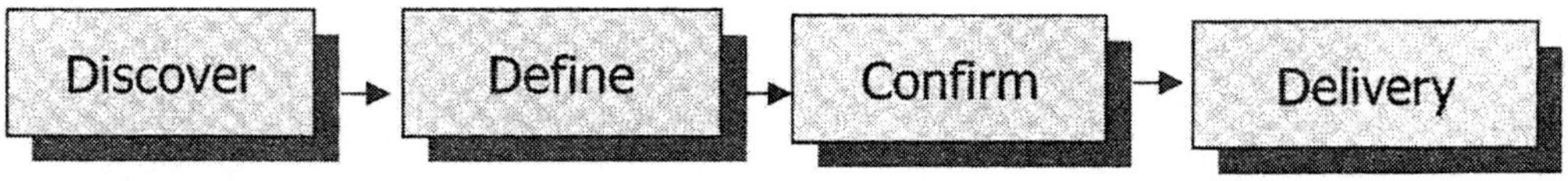
Discover
Define
Confirm
Delivery

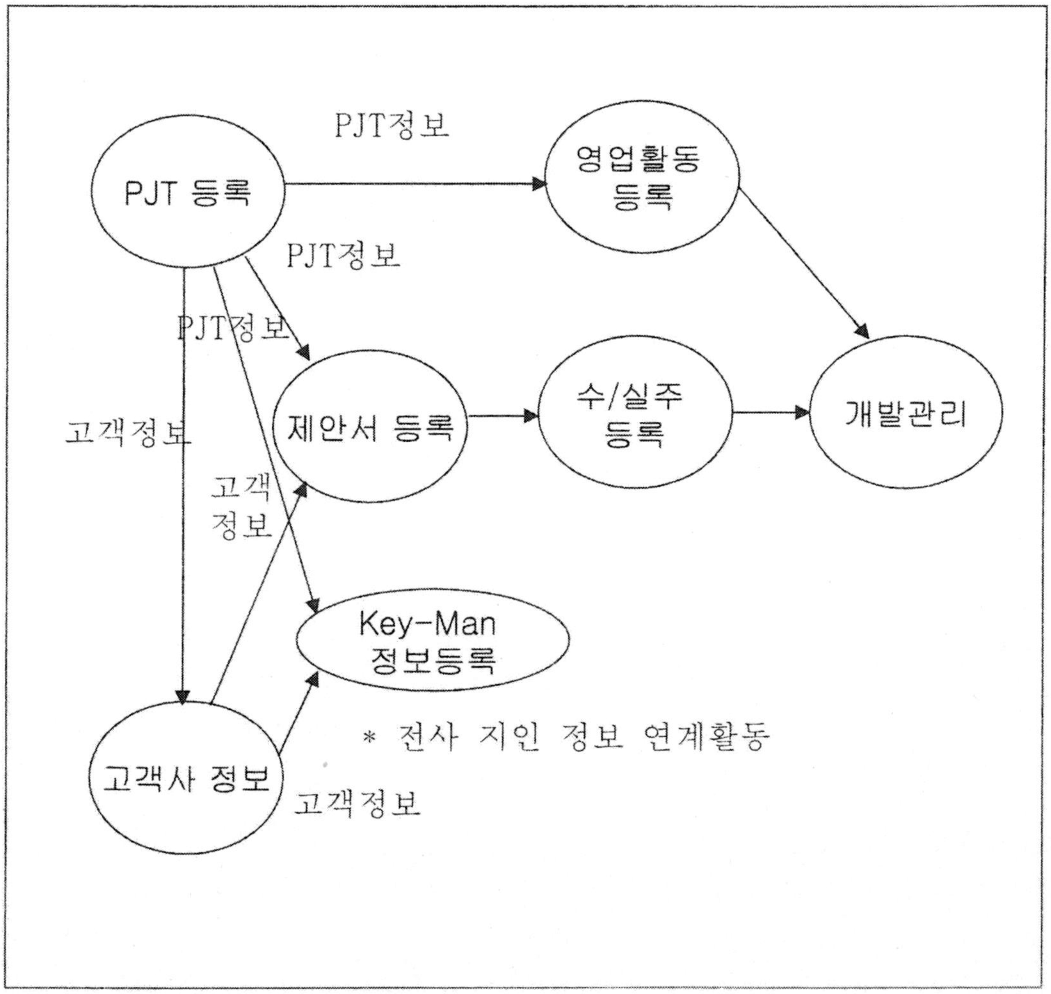
PJT 등록
PJT정보
영업활동 등록
PJT정보
PJT정보
고객정보
제안서 등록
수/실주 등록
개발관리
고객 정보
Key-Man 정보등록
* 전사 지인 정보 연계활동
고객사 정보
고객정보

제2편

SI 영업 전략 전술

Contens

Ⅰ. 영업 계획

Ⅱ. 영업 활동

Ⅲ. 영업전략과 전술

Ⅳ. 제안 전략

Ⅴ. 영업 점검

Ⅵ. Buyer's Question

Ⅰ. 영업 계획

1. 영업 계획

고객 프로파일	: What I Know – Buying Criteria(CEO의지,조직구성,투자규모,일정)
GOAL	: What, By When, How Much(간결,명확,세부적으로 작성)
Strategy	: What I Want to achieve(메시지와 의도)
Tactics	: What I will do(담당,관리항목,일정,결과의 Feedback)
Resource	: What I need(사람,돈,시간,장비,환경)
Test	: 전략의 완벽성을 테스트
Action	: 수립한 계획에 의거한 실행

2. SWOT 분석

SWOT 분석

강 점

- 핵심부분의 주요 경쟁력
- 고객의 호의성 및 선도기업이라는 인식
- 부문별 적절한 전략수립
- 규모의 경쟁 수행가능 규모
- 우수한 기술력 및 탁월한 기술력
- 가격경쟁력 및 홍보경쟁력
- 기술/제품혁신 기술
- 검증된 경영능력 및 탁월한 경험

약 점

- 주요기술 및 경쟁력 결여
- 높은 전략 수행 실패율
- 연구 개발의 낙후
- 다양하지 않은 제품들
- 미약한 시장 인지도 및 판매/배송망
- 평균이하의 마케팅 능력
- 전략 변화를 위한 재정지원 불가
- 경쟁사대비 높은 운영비 사용

기 회

- 새로운 시장진입
- 고객요구에 만족을 위한 제품 확대
- 관련 제품의 변환
- 수직적(산업별)통합
- 해외시장의 진입기회 확대
- 경쟁사의 자아도취
- 높은 시장 성장률

위 협

- 가격경쟁력을 겸비한 외국기업의 진출
- 낮은 시장 성장률
- 환율변동 및 외국의 정책변화
- 소비자의 권한 강화
- 고객의 요구사항 및 취향 변화

Ⅱ. 영업 활동

구 분	사업기획/ 개발단계	사전영업 단계	수주계약 단계	사업확산 단계
공유 가치	Selling Strategy	Winning Strategy	Value Strategy	Developing& Advancing Strategy
활 동 내 용	- 고객현황의 파악 고객의 제품/서비스판매 현황 CSF - 고객의 주요 경영과제 및 성공평가 기준 - 고객과 관련된 선진 업 체 Benchmarking - 고객과 경쟁사와의 관계검토 - 프로젝트의 사업성 파악 - 사업에 대한 고객의 적극성 파악 - 고객의 재무적 안정도 평가 - 고객의 사업추진 동기의 명확성 평가 - 추가적인 사업 수주 가능성 평가 - 프로젝트 성공 가능성 파악 - 자사의 IT적용 능력 평가 - 자사 경영층의 프로젝트 관심도 평가 - 자사에 대한 고객의 선호도 평가	- FRP작성 - 제안내용 정의 - 제안 금액 대 투입비용 계약 형태 및 법적 안정성 - 계약기간 - 제안서 작성	- 경쟁사의 전략 파악 - 경쟁사 Solution의 강 약점 분석 - 경쟁우위 확보 방안 수립 - 계획/Action Plan/예상효과 분석 - 고객Relation 구축 우위방안 수립 - 고객의 조직도 및 담당임원 성향 평가 - 주요인물 포섭 전략 수립 - 제안내용 정의 - 제안금액 대 투입비용 -계약형태 및 법적 안정성 -계약기간 -제안서 작성	- 프로젝트 이행의 필요자원 분석 - 자사가 준비할 핵심자원 - 고객으로부터 협조 받아야 할 요소 - 자사와 고객간의 커뮤니케이션 - 추가 프로젝트 확보를 위한 활동계획/목표수립/ 계획/Action Plan/예상효과 분석

III. 영업전략과 전술

1. 경쟁사 경쟁 약화

(1) 경쟁사 분석

① 분석요소

a. 미래목표(Future Goals)

- 경쟁사의 미래 목표는 무엇이며, 어떠한 요소들이 이를 가능하게 하는가?
- 분석 가능한 여러 요소들을 판단해 볼 때 경쟁사의 경영능력 수준은 어떠한가?

b. 현 활용 전략(Current Strategy)

- 경쟁사가 현재 활용하는 전략은 무엇이며, 발전 가능 잠재능력은 있는가?
- 경쟁사는 현재의 위치에 만족하고 있는가?
- 경쟁사의 전략 수정 여부는 있는가?
- 경쟁사 전략의 취약점은 무엇인가?

c. 가정(Assumption)

- 경쟁사가 고객/잠재 고객과 계약을 맺게 된다면 시장의 구조는 어떻게 변화 될 것인가?

d. 능력(Capabilities)

- 경쟁사의 강점은 무엇인가?/강점을 약화시킬 수 있는 방안은?
- 경쟁사의 약점은 무엇인가?/약점을 부각시킬 수 있는 방안은?

상대적 경쟁지위 = 당사의 성과 가장 강력한 경쟁사의 성과 × 100

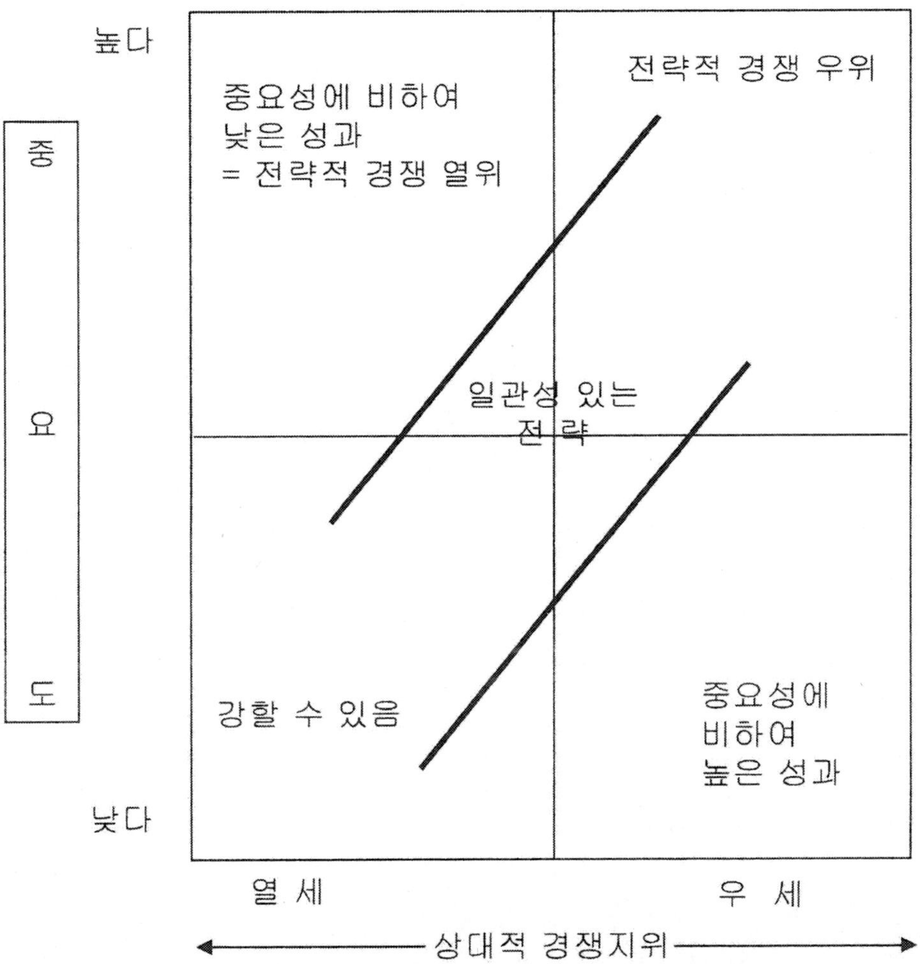

2. 영업 전략

구 분	내 용	구 분
직 접	▪ 기술,업무지식 등이 경쟁자 보다 우월하거나 경쟁자와 동등한 위치이거나, 혹은 경쟁자가 우세하지만 고객의 CEO가 당신을 선호하는 경우	경쟁자:사업기획/추진 비판자, 방해자 등
우 회	▪ CEO의 기존 지침, 원칙 변경 시 활용 ▪ 경쟁자 대비 동률의 위치에 있거나, 약간의 열세에 있을 때 활용 ▪ 파워, 제안의 수정(새로운 ISSUE) 부각	
분 할	▪ 전체 사업수행에 역량이 부족할 경우 사업대상을 분할하여 우세 분야에 집중하는 전략 ▪ 부분적 성공을 통하여 긍정적 인식확대 및 전략의 약점 보완과 강점 부각	
협 력	▪ 교란 ▪ 경쟁우위 요소들간의 전략적 제휴, 협력 등	
견제/포기	▪ 현재의 상태에서 역량이 부족할 경우 ▪ 경쟁자의 역량이 현저히 우월하여 경쟁 시 시간 및 자원의 낭비가 확실할 경우	

3. 영업 전술

구 분	실행전술		실행개념
자원 활동	타이밍	가속	■ 유리한 경쟁구도 하에서 프로세스의 속도와 에너지를 증가시킴으로서 경쟁관계를 향상
		감속	■ 불리한 경쟁구도 하에서 프로세스의 속도와 에너지를 감소시킴으로서 경쟁종료 억제
	자원 배분	블랙홀	■ 경쟁사의 경쟁자원 동결, 오용촉진
		연막	■ 핵심 Winning Point 의 설정/노출방지. 의사결정적 시기에 공표
고객사 환경의 약화	사업 제안	약점 이용	■ 고객사의 취약부분을 최대한 노출하여 사업이슈와 연계
		평가 절하	■ 최대 경쟁우위 요소를 파악하여 가치정도가 낮음을 강조
	활동 계획	고객 조정	■ 경쟁자의 목표, 전략, 전술에 대한 고객의 거부감 유도
		자멸 유도	■ 부정적 전술을 전개하는 경쟁자에 대하여 신뢰 실추

Ⅳ. 제안 전략

RFP 구성요소(The Elements of an REF)

구 분	내 용
요약 (Executive Summary)	정확하게 구성된 기업/사업 이해 (Well-articulated overview for corporate understanding)
세부내용 (Project Detail)	PJT수행 이유와 동기 및 활용 예정 기술 (Reason and purpose of the PJT performance and the skill will be applied)
PJT요약 (Project Summary)	PJT 세부 진행 계획 (Schedule for all parts of the project)
전술적 요구사항 (Tactical Requirements)	PJT를 위한 세부적인 기능,기술,소요비용 (Detailed functional,technical, and cost needs for the PJT)
전략적 요구사항 (Strategic Requirements)	서비스 지원사항 능력과 발전 (Service and support,vendor viability,and vendor vision questions)
제안 요구사항 (Proposal Requirements)	제안을 위한 양식,방법,안내 (Format, methodology, guidelines for proposal process)

V. 영업확인

1. 영업대표 Mind

✓ 조건 1. 기업의 아픈 곳을 찌르는 벤더
- 고객기업의 업무내용을 명확히 숙지하고 업무 프로세스의 차이와 조직을 분석
- 고객의 약점을 찌르는 컨설팅 수행

✓ 조건 2. 적기에 시스템을 제안
- 고객의 기업규모 등에 맞춘 즉 '키'에 맞는 솔루션 제안 능력이 필요

✓ 조건 3. 고객의 IT투자 효율을 보장하는 기술력
- 시스템의 표준화도 중요(추가 투자비용 최소화,신속한 대책마련 용이)

✓ 조건 4. 고객의 요망에 원스톱 지원

✓ 조건 5. 고객의 미래 동반자
- 고객의 성장과 변화에 대응한 정보시스템을 계속적으로 제안해 나갈 수 있는 능력 보유
- 고객과 같은 시각에서 함께 성장하는 파트너 쉽

2. 영업진행 통제와 자원

목 적

① 대외 SI 사업 수주율 향상
② 수익성 제고를 위한 전사차원의 지원방안 강구
③ 수주전략/전술의 점검과 조정
④ 영업대표의 사기진작 도모

공유 가치

Provider로서의 기능발휘(현상정리가 아닌 대안강구)
② 심도 있는 영업현장 중심적 회의 운영과 신속한 피드백 전개
③ 전사차원의 정형화된 영업기반 구조로 정착

점검 POINT

PJT명 : PM:
작성일: 년 월 일

현이슈	당사	경쟁사	고객반응	대응방안	검토/지원요청사항	FeedBack
영업 단계						
Solution (IT)						
의사 결정 구조						
경쟁 구조						
기타 고려 요소						

3. 영업 착각

Entertainment is always.....a winning Point
(->)

Contract is ....Making
(->)

Proposal is..All
(->)

Our technology is..........................the better
(->)

Ⅵ. Buyer's Question

제 3 편

SI마케팅 체계의 이해 및 활용

Contens

Ⅰ. 공공부문 정보화 사업구매 Process

Ⅱ. 공공부문 사업계획 수립 체계

Ⅲ. 구매 계약 제도

Ⅳ. 시스템 통합 프로젝트 계약 절차

Ⅴ. 입　찰

Ⅵ. 낙찰제도 개요

Ⅶ. 계　약

Ⅰ. 공공부문 정보화 사업구매 Process

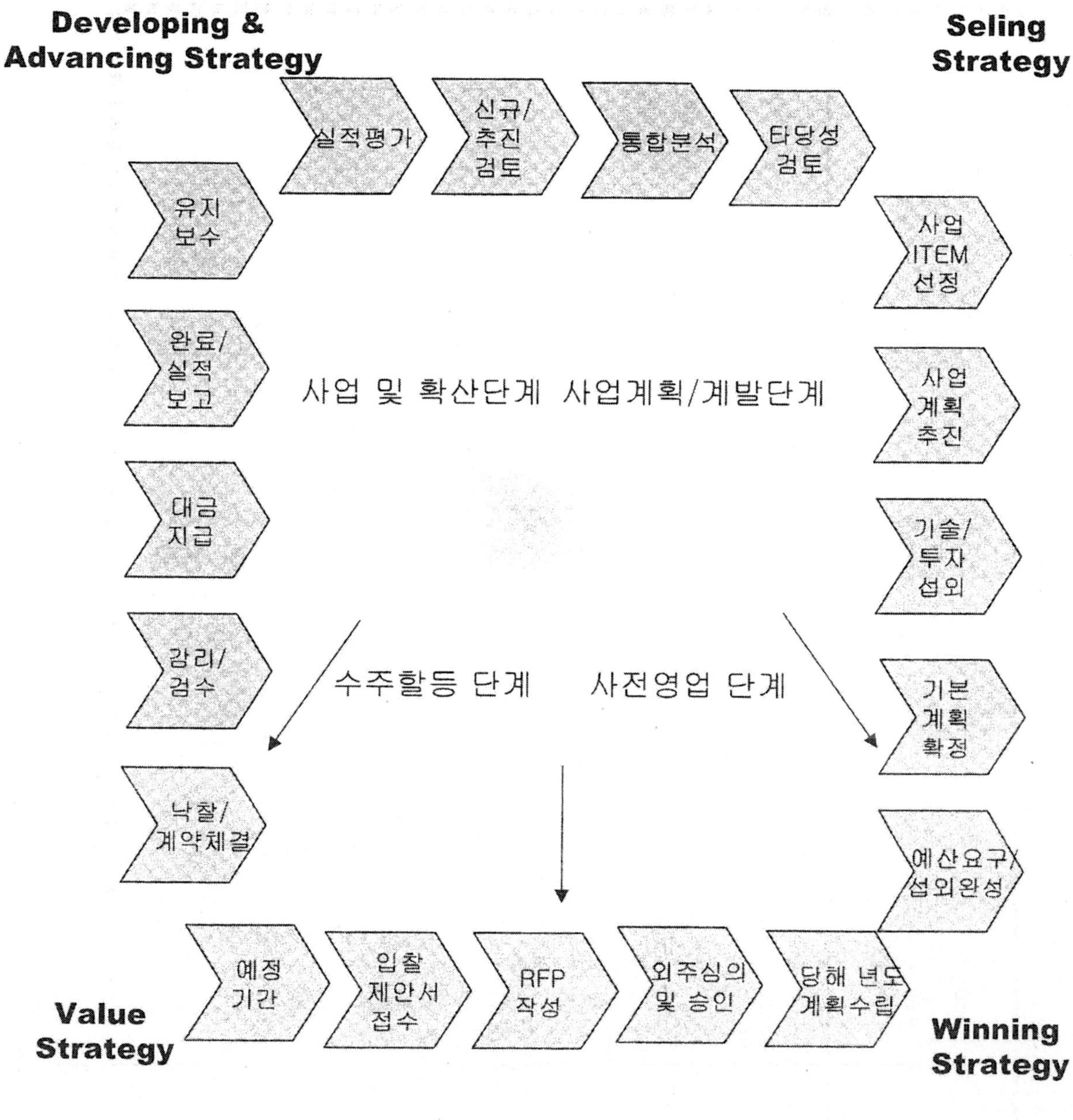

Ⅱ. 공공부문 사업계획 수립 체계

구 성	포함 ITEM	세부 내용
배경 및 필요성	사업명	-세부 추진내용의 함축적 표현
	추진배경 및 경위	
	사업개요	- 사업 전반의 간략소개(주요 Issue)
	추진 필요성	- 국가경쟁력 제고, 대안서비스 개선, 행정 능률 향상 - 정부/산업 구조조정 등
현황 및 문제점	업무현황	-업무명, 업무개요, 수행조직, 구성도 등
	정보화 현황	-개발현황, 현 시스템구성도, DB구축,전산자원 보유현황 등
	외국사례	- 유사업무 선진국 동향 및 사례
	문제점 및 개선방향	- 업무적 측면(업무재설계), 정보화 측면(S/W,H/W통신망 등) - 타 부처관련 법제도 측면
추진계획	추진방향 및 전략	- 추진목표, 방향, 전략, 추진체계, 정보화 우선순위
	세부추진내용	- 목표시스템, 구성도, 추진일정, 주관부서
소요재원 및 예산	정보화 산업에 필요한 자원 및 산출근거(H/W,S/W,N/W,응용S/W 개발규모 등) 소요예산 및 재원을 연도별로 분리 기술하고 산출근거 및 조달방안 마련 (업무재설계 및 표준화 비용 고려)	
기대효과	업무처리 효율성, 서비스 개선, 예산절감 측면 - 업무처리 절차 단축, 업무조직의 축소 - 처리시간 단축, 방문횟수, 단축 서비스 질 개선 등 - 비용대비 효과 분석	

<table>
<tr><th>구 성</th><th colspan="2">세부 내용</th></tr>
<tr><td>추진목표</td><td colspan="2">- 목표년도 목표대비 당해 년도 정보화 추진목표
- 시스템 개발완료 시 추진성과에 대한 분석자료로 활용</td></tr>
<tr><td>계속사업 평가</td><td colspan="2">- 시범사업의 추진내용, 평가결과, 파급효과로 본 사업 확산방안
(추진내용:업무처리 절차개선, 법 제도개선, 표준화 시스템 효율성 재고 측면에서의 주요실적 등)
-사업 추진 시 세부항목별 문제점 및 정보통신기술 활용과 개선 방향</td></tr>
<tr><td>당해 년도 추진방향과 추진 체계</td><td colspan="2">- 효과적인 목표달성을 위한 추진방향 설정
- 사업추진조직의 구성과 역할(주관기관,협조기관,이용기관,관련기관,국민 등)</td></tr>
<tr><td rowspan="5">세부추진계획</td><td>대상업무 분석</td><td>-당해 년도 정보화 대상업무,우선순위,업무흐름도
-업무수행 문제점과 개선방향(예산절감,대인서비스 개선,정보화 파급효과)</td></tr>
<tr><td>정보 연계 방안</td><td>-정보공동활용 필요 여부</td></tr>
<tr><td>시스템 구축 방안</td><td>-표준화 대상 및 내용 방안 작성</td></tr>
<tr><td>법.제도 정비 방안</td><td>-시스템 구성도(당해 년도:사용자,수행기관,관련기관 통신망,H/W))
-시스템구축방안(표준화,보안등) – 시스템 요건 (기능,특성 등)
-향후 시스템 활용 및 확산방안
-시스템 구축 후 운영방안(운영관리:전산실,인력 운영형태)</td></tr>
<tr><td>추진일정</td><td>-세부 추진내용별로 구체적 추진내역 및 일정</td></tr>
<tr><td>소요자원 및 예산</td><td colspan="2">소요자원의 구체화(H/W,S/W,통신망)
소요예산별 재원 조달방안: - S/W 사업대가 기준 적용
- 장비단가 : 정부 조달가 또는 견적가 기준</td></tr>
<tr><td>기대효과</td><td colspan="2">업무처리 효율성제고, 서비스 개선, 예산절감효과 측면의 계량화
(소요시간 단축,민원방문횟수 단축, 신 편의 제공)</td></tr>
</table>

Ⅲ. 구매 계약 제도

1. 개 요

① 국가기관 등의 시스템 통합 계약관련 법률체계

직접규율체계	간접규율체계
국가를 당사자로 하는 계약에 관한 법률 동법 시행령(이하 영) 동법 시행규칙(이하 칙) 특정 조달을 위한 국가를 당사자로 하는 계약에 관한 법률시행령 특례규정(특영) 특정조달을 위한 국가를 당사자로 하는 계약에 관한 법률시행 특례규칙(특칙) 회계예규/통첩/요령/기준/질의응답(유권해석)등 국가기관 등의 자체 회계규정/구매규칙 등	• 정보화 촉진 기본법 • 소프트웨어 개발 촉진법 - 소프트웨어 개발비 선정기준 - 소프트웨어 기술성 평가기준 • 전산망 보급확장 및 이용촉진에 관한 법률 • 컴퓨터 프로그램 보호법

▶ 현행법상 국가기관 등 이란?
국가 또는 지방자치단체가 투자 또는 출연한 법인 및
기타의 공공단체를 말함.
(전산망 보급확장과 이용촉진에 관한 법률시행령 제2조)

② 국가기관 등의 시스템 통합 계약의 성격

국가기관등과 시스템통합 사업자가 계약당사자의 양방이 되어, 국가기관의 시스템 통합수요를 충족시키기 위해 일정한 조건을 제시하고(청약), 받아들임으로써(승낙) 성립하며,양당사자를 구속하는 사법적 효과발생을 목적으로 하는 행위.

청약과 청약의 유인
- 청약 : 구체적,확정적 의사표시로 승낙이 있으면 계약이 성립하고, 그 이행에 대한 구속력이 부여
- 청약의 유인 : 청약을 구하는 의사 표시

국가기관 등의 시스템통합 입찰공고와 시스템 통합사업자의 제안
- 시스템통합 입찰공고 : 청약의 유인
- 시스템통합 사업자의 제안 : 계약조건의 명확성, 확정성 등의 기준에 따라 청약여부 결정

③ 국가계약법과 국가기관 등의 자체 규정과의 불일치

상위규범인 관련법규 또는 하위법규인 내부 규정/요령/지침에 근거할 것인가?
상위규범 위반시 계약업무 자체와 계약목적의 성공적 달성의 책임소재에 대한 귀속책임 (중앙관서장,계약담당 및 정보화 추진 기획 실무자)
집행기준 : 계약목적 달성을 위한 적극적 대처 및 문서화 보존

④ 정보조달시장 개방

구분	개방 범위	원 화	대상 기관
정 부	▪ 건설: 500만 SDR ▪ 물품/용역 : 13만 SDR	58.3억 1.51억	약40개 중앙행정 기관
지방자치 단체	▪ 건설: 1,500만 SDR ▪ 물품/용역 : 20만 SDR	174.9억 5.24억	7 개시 및 9개 도
정부투자 기관	▪ 건설: 1,500만 SDR ▪ 물품/용역 : 45만 SDR	174.9억 5.24억	23개 정부 투자기관 * 용역 대상 제외

※ SDR(Special Drawing Right) : 특별인출권

- IMF가 1970년 창설한 국제결재수단
- 정부조달협정상 개방금액의 기준단위
- 5개국(미,일,영,프,독)통화의 가중평균방식으로 결정

※ 고시금액 : SDR 원화 환산액
1 SDR ≒ 1.166.425원(2년 단위 개정)

Ⅳ. 시스템 통합 프로젝트 계약 절차

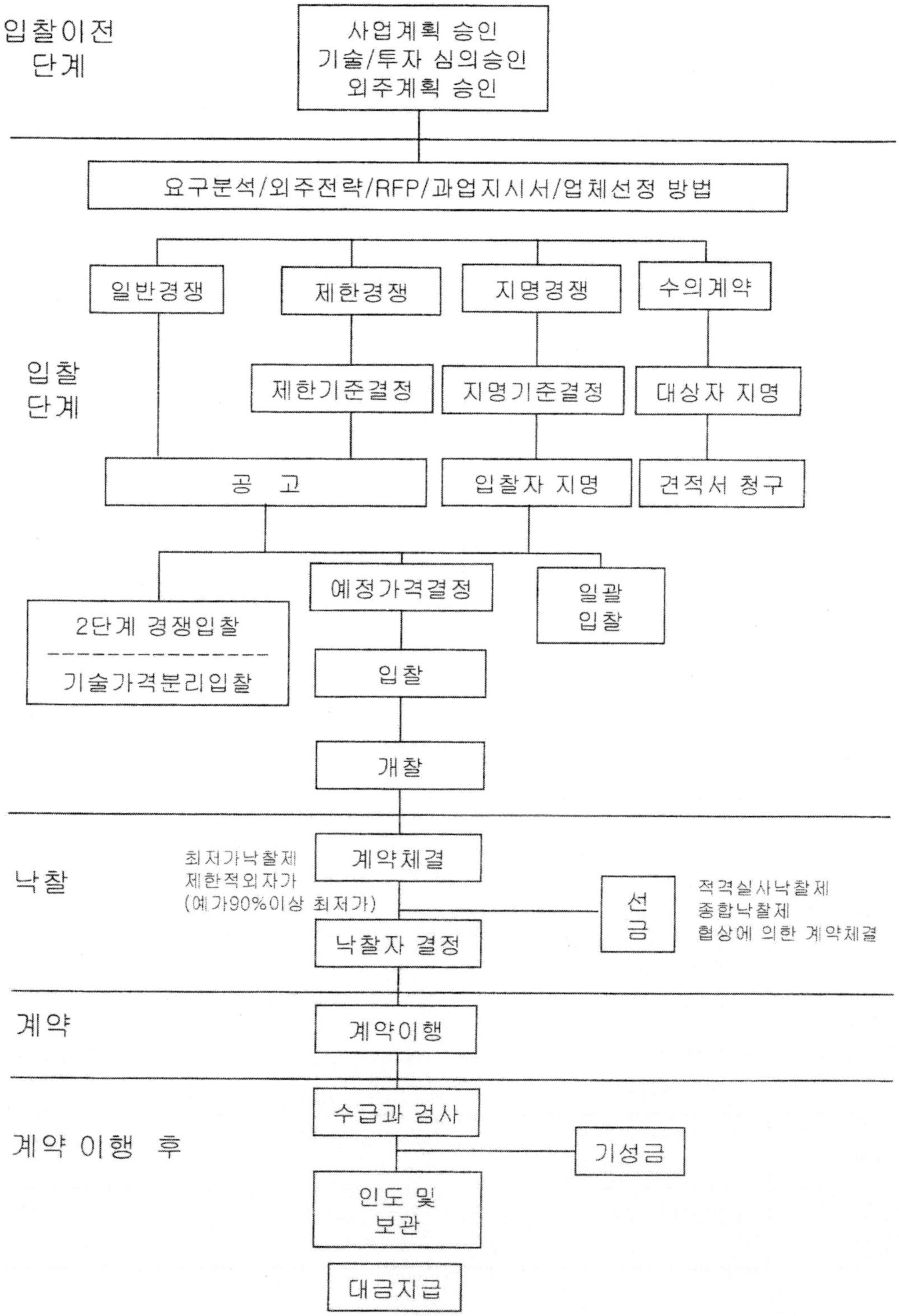

V. 입 찰

1. 현행 입찰제도 개요

<table>
<tr><td rowspan="2">구 분</td><td colspan="3">경쟁계약</td><td>비 경쟁 계약</td></tr>
<tr><td>일반경쟁</td><td>제한경쟁</td><td>지명경쟁</td><td rowspan="2">수의계약</td></tr>
<tr><td>일반성립 요건</td><td colspan="3">2인 이상 유효한 입찰참가</td></tr>
<tr><td>참가자격 및 적용기준</td><td>-입찰목적물의 제조 공급에 필요한 시설, 점포보유
-허가 인가 등록 등 필요 자격 요건 구비
- 보안측정 등의 조사가 필요한 경우 적합 판정
- 기타 총리령이 정하는 요건 등</td><td>-도급한도액 또는 공사실적
-특수기술/공법 필요기술의 보유상황 및 실적 등 (공사,용역계산)
-특수한 설비 또는 기술 특수한 성능 품질(물품구매,용역계약)</td><td>-계약의 성질.목적에 비추어 특수한 설비,기술, 자재,물품 또는 실적이 있는자가 아니면 계약 목적 달성이 곤란한 경우로서 계약대상 자가 10인 이내인 경우</td><td rowspan="7">생략 “수의계약” 부분에서 별도 설명</td></tr>
<tr><td>입찰공고</td><td colspan="2">관보, 일간, 신문, 통신망 등에 개시</td><td>지명통지</td></tr>
<tr><td>공고일</td><td colspan="3">입찰(개찰)일 기준 10일전, 긴급을 요하는 경우 5일전, 재입찰 시 5일전</td></tr>
<tr><td>2단계 경쟁입찰 등</td><td colspan="3">물품의 제조, 구매 또는 용역계약에 있어서 미리 적절한 규격 등의 작성이 곤란하거나 기타 계약의 특성상 필요하다고 인정되는 경우 먼저 규격 또는 기술 입찰을 실시한 후 기술적격자에 한해 가격 입찰을 실시
- 2단계 경쟁입찰 : 기술제안서 제출, 적격자격 판단, 가격 제안서 제출
- 기술, 가격분리 입찰 : 기술제안서+가격제안서 동시제출</td></tr>
<tr><td>일괄입찰</td><td colspan="3">소프트웨어 개발촉진법 제2조 규정에 의한 소프트웨어사업 시 계약의 특성상 필요하다고 인정되는 경우 물품과 용역을 일괄 입찰</td></tr>
<tr><td>재입찰</td><td colspan="3">최초에 부친 입찰이 유찰된 경우에 같은 장소에서 횟수에 관계없이 계속하여 재차입찰을 집행</td></tr>
<tr><td>재공고 입찰</td><td colspan="3">입찰자나 낙찰자가 없는 경우 또는 낙찰자가 계약을 체결하지 않는 경우</td></tr>
</table>

2. 예정 가격

구 분	주요내용
의 의	▪ 낙찰자 결정기준 ▪ 물가변동/설계변경으로 인한 계약금액의 조정기준 ▪ 계속공사의 수의 계약에 있어 전체공사의 계약금액 산정기준
결정방법	▪ 계약을 체결하고자 하는 사항의 총액에 대하여 정하는 것이 원칙 ▪ 그 이행에 수년이 걸리며 설계서 또는 규격서 등에 의하여 시스템 통합 계약의 전체 내용이 확정된 경우에는 예산상의 총계약 금액의 예정가격을 정하여야 함.
결정기준	▪ 회계예규 "원가계산에 의한 예정가격작성"(95.1.10)에 따라하면 되나, 예규가 소프트웨어 개발용역 등 다른 법령에서 그 대가기준을 규정하고 있는 경우에는 당해 법령이 정하는 기준에 따라 원가계산을 할 수 있도록 하고 있다. ▪ 소프트웨어개발 촉진법에 의한 소프트웨어 사업대가 기준을 적용
작성의뢰 (원가계산)	▪ 원가계산용역기관에 의뢰할 수 있음(일종의 용역계약)
작성시 유의사항	▪ 이행전망, 이행기간, 수급상황, 계약조건 기타 제반여건을 참작함. ▪ 원가계산 작성시 부당삭감 하거나, 과잉계산이 되지 않도록 함 ▪ 계약담당 공무원은 특별한 사정이 없는 한 기초금액과 다르게 예정가격을 결정하여서는 안되며, 불가피하게 기초금액과 다르게 결정한 때에는 조정사유를 예정가격조서에 명시

3. 기술평가(소프트웨어 기술성 평가기준.1997.12.12일자 정통부 고시 제1997-9호)

구 분	주요내용
적용/대상/기준	■ 국가 지방자치단체 및 공공기관 등이 소프트웨어 및 시스템을 구매하거나 용역을 외주할 경우 기능, 성능 등 기술을 평가
적용범위	■ 2단계 경쟁입찰시의 기술입찰서 심사 ■ 적격심사 낙찰제 적용시의 계약이행능력 실시 ■ 협상에 의한 계약체결시의 제안서 평가 ■ 품질 등에 의한 낙찰자 결정시의 품질 등의 심사기준
평가항목/요소	■ 평가항목의 분류체계에 따라 평가항목 및 평가요소를 선별 또는 추가하여 선정할 수 있으며, 평가요소별 평가기준을 정하여 실시
배점 한도	■ 시스템통합 프로젝트의 성질, 내용 등을 고려하여 필요하다고 인정 될 경우에는 항목별 배점한도를 강조할 수 있음.
기술적격기준	■ 시스템통합 프로젝트 발주 공공기관이 자체 적격 판정기준을 정하여 실시
기술평가위원	■ 사용자, 계약담당자, 관계기관 담당자, 전문가들로 구성되는 평가위원회를 운영할 수 있음.
일괄입찰 시 예외	■ 소프트웨어와 하드웨어의 상대적 중요도에 따른 가중치를 적용하여 별도의 기술성 평가를 할 수 있음.

핵심 고려사항

적격 심사 기준	■ 기술/가격심사비중 : 70:30(10%범위 내에서 가감 조정) 가격(안정) 예가 88%기준 ■ 적격기준 : 75점(공사) 용역 달리 적용
평가방법/가격	■ 상대/절대평가(기술력+기술평가위원+경쟁관계 등) ■ 가격포함 여부 ■ 2단계 경쟁입찰 표현 및 관련 근거 비적용 환경 조성(1인 적격제외)

Ⅵ. 낙찰제도 개요

구 분	주 요 내 용	특기 사항
최저가 낙찰제	■ 예정가격 이하 최저가격으로 입찰한 자를 낙찰자로 결정	
제한적최저가 (예가90% 이상 최저가)	■ 예정가격의 90% 위로 가장 낮게 입찰한 자를 낙찰자로 결정	■ 1.5억 이하 ■ 복수예정가격 ■ 폐지
종합 낙찰제	■ 재경부 장관이 고시하는 물품의 경우에는 입찰가격 외에 품질 등을 종합적으로 참작하여 가장 경제성이 있는 가격으로 입찰한 자를 낙찰자로 결정	■ 단가계약 ■ 기기공급 패키지 계약 ■ 가격÷기술-> 가장 낮은자
적격심사 낙찰제	■ 시공경험, 기술능력, 재무상태등 공사수행능력과 입찰가격을 종합 심사 ■ 최저가 순으로 심사하여 일정점수 이상을 획득하고, 이행능력이 있다고 판단되는 업체를 낙찰자로 결정	■ 적격심사->사전자격심사(PQ) 병행운행
협상에 의한 계약체결	■ 협상절차를 통하여 국가에 가장 유리하다고 인정되는 사업자와 계약체결	■ 협상절차 대상(기준금액) 재협상대책
2단계 경쟁입찰 (기술,가격 동시)	■ 물품의 제조, 구매 또는 용역계약에 있어서 미리 적절한 규격 등의 작성이 곤란하거나, 기타 계약의 특성상 필요하다고 인정되는 경우 먼저, 규격 또는 기술 입찰을 실시한 후 적격자에 한해 가격입찰 실시	■ 1인 적격 ■ 기술점수
기술, 가격 분리입찰		

VII. 계 약

1. 계약의 종류

시스템통합은 고도의 과학기술을 응용하여 정보시스템에 대한 계획수립, 설계, 개발,구축, 관리 등을 하게 하는 것을 의미하는 것으로 용역입찰유의서, 기술용역 계약 일반조건/ 특수조건, 과업 내역서 등에 따라 계약 이행을 하게 되므로 계약체결 전반에 걸쳐 충분한 사전 검토가 필요

확정,회계연도 내,총액 계약은 대부분의 국가기관 등의 일반적 계약 형태로 법률적으로 또는 실제 적용상에도 일반적 형태

구 분	계약의 조건	
금액/내용 확정성	확정 계약	계산 계약
목적물 수량/금액	총 액	단 가
계약 기간	일시적	장기계속
계약 주체수 (상대방의 수)	단 독	공동/종합
계약 시기	회계연도 내	회계연도 개시전

2. 장기 계속 계약

최근에 들어서는 시스템통합 프로젝트의 대규모화로 소요 기간의 장기화, 첨단의 최신 확인된 정보 기술의 활용 및 적용, 대규모 투자의 보편화 추세가 예상됨.

구 분	내 용
적 용 대 상	■ 사업에 따른 총액과 연도별 금액을 정하여 미리 국회의 의견을 얻어 총예산을 확보한 경우, 혹은 이행에 수년을 요하고 설계서 등에 의하여 전체 내용이 확정된 시스템 통합 프로젝트에 대한 계약을 체결하는 경우로서 각 회계연도 예산의 범위 내에서 계약이행
계 약 체 결 방 법	■ 전체 시스템통합 프로젝트에 낙찰된 총 계약금액을 부가하고, 당해 연도의 예산범위 내에서 1차 이행하도록 계약을 체결하고, 2차 이후의 계약이행은 최초 작성된 총 계약금액에서 이미 계약된 금액을 공제한 금액의 범위 내에서 계약을 체결할 것을 부관으로 정함. ■ 따라서 총 계약이행 내용과 연도별 계약이행 내용을 명백히 하여 계약을 체결하여야 함.

* 장기계속계약과 계속비계약의 구분

장기계속계약	계속비계약
■ 국가를 당사자로 하는 계약에 관한 법률 ■ 최초년도 예산 확장 ■ 전체계획의 확정	■ 예산회계법 ■ 국회의 의결 ■ 5년 단위(원칙)

제 4 편

MKT/Sales 교육

과정참여 문제제기와 결론

WHY

WHAT

HOW

Skill Up

영업팀장은 10억원 규모의 신규 프로젝트가 발주 된다는 정보 접수.

팀내 유능한 영업대표 A에게 동 프로젝트 영업추진 여부를 검토 지시함.

A는 적극적인 영업추진의사를 전달, 필달 수주를 위한 Work Frame 작성에 들어가 우선 영업추진 시 필요한 정보를 List Up 하기로 함.

A가 작성하는 정보 List에 포함되어야 할 항목에 어떤 것들이 있어야 하겠습니까?

○○ 프로젝트 동행조사 보고

1. 사업개요

2. 고객정보(*)

3. 경쟁동향

4.일　정

5. 수주전략

6. 영업활동상의 Check Point 와 핵심 Issue

IT Solution	영업 (Sale) 활동	가격/수익	경쟁	섭외	협력

제 5 편

영업 정보 관리

Contens

Ⅰ. 정보개관
1. 정보의 개념
2. 정보의 중요성
3. 정보의 특성
4. 정보관리 4단계

Ⅱ. 정보기획
1. 수집목표 설정
2. 정보요구에 대한 분석
3. 수집구분
4. 핵심정보 Source설정, 수집방법 및 과정 검토

Ⅲ. 정보수집
1. 정보수집의 수칙과 금기
2. 정보수집 시 버려야 할 마인드
3. 수집단계
4. Human Network
5. 정보유도화법
6. Stroke

Ⅳ. 정보분석
1. 분석기술
2. 분석률
3. 대응방안의 강구

Ⅴ. 정보활용
1. SI 종합관리 시스템
2. 정보보완

Ⅰ. 정보개관

1. 정보의 개념

개인이나 조직체의 성장,발전을 위한 행동 선택의 핵심 지원수단

1) 협의의 정보와 광의의 정보

구분	DATA	INFORMATION	INTELLIGENCE
의 미	-단순사실 -신호 -소재 -발표자료	목적의식에 따른 수집자료	특정한 목적달성을 위해 일정한 절차에 따라 처리되고 가치화를 거친 유용한 사실
용 어	-DATA 사실	-1차 정보 -첩보,생정보	-2차정보 -정보,가공정보(전술)
활 동	입력	수집	분석,평가,가공,활용

- 정보의 의미는 위와 같이 3단계로 분류할 수 있으며 광의로는 모두 해당되나 협의의 정보란 intelligence 즉, 가공정보를 의미함.

2) 정보와 유사한 용어의 구분

- 루머 : 진위를 모르는 미확인 정보
- 첩보 : 군에서 주로 쓰는 정보용어로 루머, 진실을 포함.

* 미국의 유명한 정보학자 '라파라스 파라고'는 "Intelligence란 단편적인 정보를 모아서 그것을 하나하나 평가하여 보다 광범위하고 명확한 틀이 되게끔 정리하는 방법이다. 이것이 가능하다는 것은 장래의 사태가 어떻게 움직일 것인지 예견이 가능하다는 것이며 전략이 도출된다"라고 정의

3) 나의 정보민감도는?(Self Test)

● 정보민감도 수준측정

NO	항 목	예	보통	아니오
1	정보를 수집해서 잘 활용한다면 회사경영 및 개인적인 발전을 가져온다고 늘 생각하고 있는 편이다			
2	아무리 바빠도 TV,라디오,신문,잡지등을 자주 접하려고 하는 편이다.			
3	시중 서점에 나와있는 정보관련 서적을 한번 이상 사서 구독한 경험이 있다.			
4	회사에서 운영되고 있는 정보등록 제도에 대해서 잘 알고 스스로 참여하는 편이다.			
5	직원들과의 미팅을 통해서 미처 자신이 알지 못했던 새로운 것들을 찾아 내려고 노력하는 편이다.			
6	주위 사람들이 나를 평할때 "정보통"또는 "안테나"라는 편이다.			
7	경쟁사 직원 또는 사외의 각종 회합, 세미나 등에 참석하여 정보교류를 하는 기회가 자주 오는 편이다			
8	사내교육을 통해서 배운 사항을 실무에 적용시키려고 노력하는 편이다.			
9	회사에 도움이 될만한 정보사항을 정리해서 상급자에게 보고해본 적이 있다.			
10	필요한 정보를 얻으면 재빨리 의사결정을 내려서 즉시 행동에 옮기는 편이다.			
11	평소 언제 어디서든지 메모를 할 수 있는 정보장비를 거의 소지하고 다니는 편이다.			
12	아이디어가 떠오르거나 새로운 것을 접했을 때는 미루지 않고 즉시 메모하는 편이다.			
13	업무개선을 위해 끊임없이 정보를 수집하려고 스스로 노력하는 편이다.			
14	회사내의 각종 자료를 자신의 것으로 만들려는 노력을 하는 편이다.			
15	사람의 얼굴과 이름을 잘 기억하도록 스스로 노력하는 편이다.			
16	다방면의 취미와 화재로 남과 어울릴 수 있는 자신이 있는 편이다.			
17	나의 관심분야에 대한 신문과 잡지의 스크랩,TV나 라디오 프로그램을 녹화 녹음해서 필요할 때 참고하는 편이다.			
18	PC를 잘 다룰줄 알며 개인 생활에 활용하는 편이다.			
19	정보를 수집할 수 있는 인맥 및 채널이 많은 편이다.			
20	회사의 공식적인 서류 및 일지 작성 외에 매일 회사내에서 일어나는 일에 대한 느낌을 개인적으로 자주 기록해 정리하는 편이다.			

* 평가기준 : 예(5점), 보통(3점), 아니오(1점)

●나의 정보 민감도: 점

2. 정보의 중요성

1) 목적

○ 관리적 측면이 아닌 전략적 측면 : SI 영업 = 정보전

○ SI 영업에 있어 계약성공에 이르는 핵심요소 중 하나임

- Winning Point 의 설정
- 각 사의 영업경쟁력 강화 및 경쟁사의 경쟁약화 전략 수립 및 실행기준

2) 기능

○ 핵심기능 : 의사결정 지원 기능

○ 주요기능 : 미래예측, 마케팅력 제고 등

* Case Study- 프로젝트 사례 1

프로젝트 사례 1

1. 프로젝트 개요

○ GIS분야 선도성 SI PJT-대형사업(당시)

2. 경쟁상황과 결과예측(A사의 수주)

○ A사의 장기간의 결친 사전영업

○ 고객 key Man 과 영업대표와의 파트너쉽 형성(신뢰)

○ B,C,D 사의 영업활동이 실효성을 거둘 수 없는 상황 전개

3. 경쟁사의 대책

(1) C,D 사의 대책

(2) B사의 대책

- 프로젝트의 진행경과 재검점
- 경쟁 반전 전략의 설정
- 전략 실행에 따른 영향평가와 대책
- 전략의 실행

4. 새로운 상황으로의 전개

- 핵심의사 결정구조상의 변화
- 고객의 1사에 대한 신뢰 약화 초래
- Key Man의 B사에 대한 적대감
- A사와 B사의 치열한 수주전

5. 최종결과 : B사의 수주

시사점

3. 정보의 특성

1) 시한성
   - 시간이 경과함에 따라 가치가 감소(Timing)
2) 독점성
   - 비공개 속성(나만 안다)
3) 가치 변환성
   - 정보가치는 사용자의 목적과 필요에 따라 달라짐.
   (A 에게는 불필요하나 B에게는 중요함)

> • 서울에 와 있는 일본종합상사맨들의 24시간 행동 Cycle
> 일본종합상사맨들은 한국관련 정보를 입수하면 아무리 사소한 정보라도 전화, FAX를 이용하여 한국내에 진출해 있는 은행, 회사에 전달하고 있음.
> • 람보의 기관소총과 맥가이버의 칼
> 정보의 기능은 맥가이버의 칼 성격임. 즉, 아무리 좋은 첨단무기를 주더라도 이를 어떻게 사용하느냐가 더 중요함. 칼 하나로 상황에 따라 모든 것을 이용한다는 측면이 정보기능이며, 이를 잘 하는 사람이 정보맨임.

4) 경로성
   - 정보는 일정한 곳으로 흐름(정보채널)
5) 결합성
   - 시너지 효과
6) 연속성
   - 기회포착과 위험감소 등은 연속적인 정보 관리에 의해 가능함 : 레이다의 원리
7) 무형성
   - 물과 같이 유동적이고 수용하려는 곳으로 이동
8) 사용성
   - 소유보다는 사용하는데 가치가 있음.
9) 결과성
   - 수집노력보다도 좋은 결과가 중요

* SI 영업대표의 오보피해 : Case Study- 프로젝트 사례 2

프로젝트 사례 2

1. 프로젝트 개요

- 약1억원 규모의 SI PJT -> 향후 대형화 예상 사업
- 개발규모에 비해 사업금액 과소

2. 경쟁상황과 결과예측

- A사의 사전영업 수주확도 매우 높으나, 사업추진 여부 미결정
- B사의 강력한 수주 의사 시사

3. 경쟁우위에 있는 A사의 대책

- 프로젝트의 2단계화
- 수주확률의 제고와 보증

4. 핵심경쟁자인 B사의 상황

- 영업팀장과 영업대표의 Role
- 정정오보 및 Miss Communication

5. 최종결과 : A사의 수주

- B사의 대외 이미지 상실 및 후속 사업에서의 불이익

시사점

4. 정보관리의 4 단계

단 계	내 용
기 획	-정보요구 분석과 목표의 설정 -수집정보 항목과 내용, 수집방법, 과정 검토 -가장 핵심적인 프로세스 신호
수 집	-정보원으로부터 정보수집 -지속적인 정보원의 확충과 관계의 개발 및유지
분 석	-해석, 평가, 가공을 통한 정보의 intelligence화 -신뢰성, 유용성, 가치극대화 방안에 대한 종합적 판단 -객관성 공정성에 기초
활 용	-공유, 축적, 관리, 보완 -경쟁력 강화의 전술적 무기화

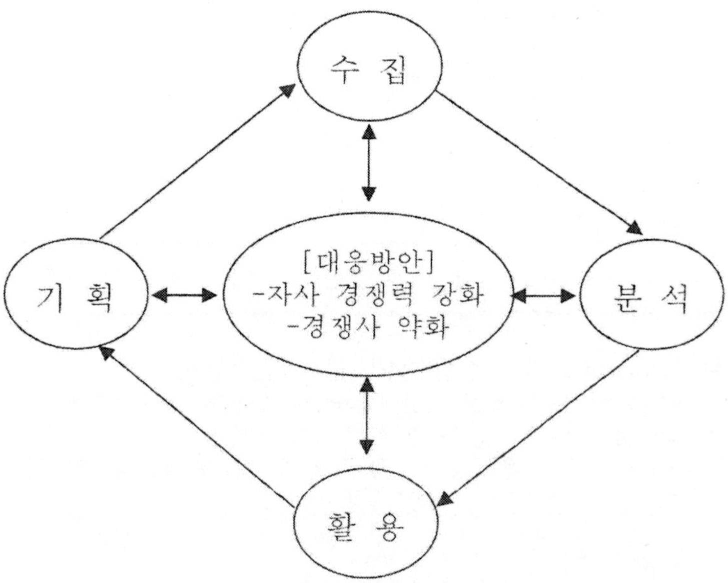

Ⅱ. 정보기획

1. 수집목표 설정
   - ○ Target Information
   - ○ Priority of Intelligence Requirement(PIR)
   - * 정보의 홍수에 대한 비효율적 시행착오 사전 방지
2. 정보요구에 대한 분석
   - ○ 정보의 Needs 파악 정보수집의 목표와 우선순위 설정
   - ○ 의사 결정권자 및 이해관계자의 정의
   - ○ 활용목적 : 단계별 수집전략 등
   - ○ 요구 정보의 성격
   - ○ 분석,활용상의 시한성 고려
3. 수집구분

단 계	내 용
시장	-Segmenting Targeting Positioning -대상고객의 사업동향, 사업목적, 목표 및 전략, 사업과제, 업종동향, 고객사업 평가기준, 경쟁기업 등
고객	-사업개요, 후속사업, 사업규모, 업체선정방법, 추진일정, 기대효과 -사업요소 : 정보기반 환경 및 도입 IT 요소관련 제반사항 -당사이미지 및 내부저하 요소 -의사결정구조 : 친 경쟁사 인사, 조직역학구조, 사업추진조직 및 지원체계 -내부진행 상태 -영향력 행사기관과 산하 지원 기관 -기술평가요소 및 평가위원
경쟁사	-경쟁사 영업대표 영업스타일 -핵심경쟁 차별화 요소 : 기술측면, 영업측면 -섭외 Line Up -협력회사 및 활용 목적
규제요소	-사업추진 시 규제제도 규정 요건 등에 대한 운영 기준

4. 핵심정보 Source 설정, 수집방법 및 과정 검토
   - ○ 정보원 : 단계별 정보원 확보 및 Cross Check 방안
   - ○ Give & Take : 정보 물적가치, 심적가치
   - ○ 정보제공자의 향유이익 정리 : 정보, 물적가치, 심적가치

Ⅲ. 정보수집

1. 정보수집의 수칙과 금기

수　칙	금　기
▪ Win-Win ▪ Give & Take ▪ 정보 Source 의 보호(신뢰) ▪ 자발적 제공과 우호적 협력,지원 참석	▪ 무분별한 정보유출(정보보안) ▪ 나에게 필요한 정보만 얻으면 만사 OK (개인이익 추구) ▪ 심문, 추궁, 에티켓 상실 ▪ 윗전 빙자, 개인적 인맥 강조 등

2. 정보수집 시 버려야 할 마인드

○ 고위층에서만 고급정보를 입수 할 수 있다.
○ 사업추진 의사결정 조직구조 내에서만 유용한 정보를 입수할 수 있다.
○ 우리에게만 더 많은 정보가 입수되고 있다.
○ 학연,인연이 있으면 정보입수에 있어 반은 성공이다.
○ 경쟁사 정보원에게서는 얻어낼 정보가 없다.
○ 정보입수 목적과 행위가 분명히 의도된 경우에만 정보원이 정보를 제공한다.

3. 수집단계

초급단계	중급단계	고급단계
▪ 신문, 전문지, 서적 ▪ 유관 정기간행물(월간지, 서적) : 발주처 및 산하 기관/업체 발행 ▪ 유관인사의 인터뷰 및 기고문 ▪ 상시 DB제공 시스템 활용(Internet,PC통신)	▪ 직접 방문, 면담을 통한 수집 ▪ 발주처 업무담당자 등 관계기관 인맥 Line Up & 활용 ▪ 발주처의 사업계획서를 작성한 유관검사	▪ 우호적 정보생성자, 의사결정권자 ▪ 진행중인 계획서, 입안자료 등 ▪ 내부의 역학관계 이용 ▪ 안테나 하나 설정

* Case Study-프로젝트 사례 3

프로젝트 사례 3

1. 프로젝트 개요

○ 대형컨설팅에 따른 SI+SO 성격의 PJT
○ 약500억 규모
○ 컨설팅 수행한 업체의 후속사업수주 인정(공식적)

2. 경쟁상황(B사의 객관적 유력)

A사 : 컨설팅 수행(적자감수), 수행 중 빈번한 시행착오 발생
B사 : 기술력 객관적 검증

3. B사의 수주 확신

○ IT기술/경험
○ 의사결정구조와 정보입수
○ 특정인맥의 동향과 대응
○ 계산된 함정의 미감지

4. A사의 수성

○ 정보의 생성과 전략적 활용
○ 정보전에서의 우위 : 제안, 영업, 가격 등 모든 면에서 차별화

5. 최종결과 : A사의 수주

시사점

4. Human Network

- 본인을 중심으로 한 채널 확보 : 혈연, 지연, 학연, 업무상 관계, 종교, 거래처, 각종 단체 등
- Win-Win에 기초한 중장기적 인맥관리
- Give & Take 관계의 설정과 지속적 강화
- 다양한 정보망의 구축과 조직화

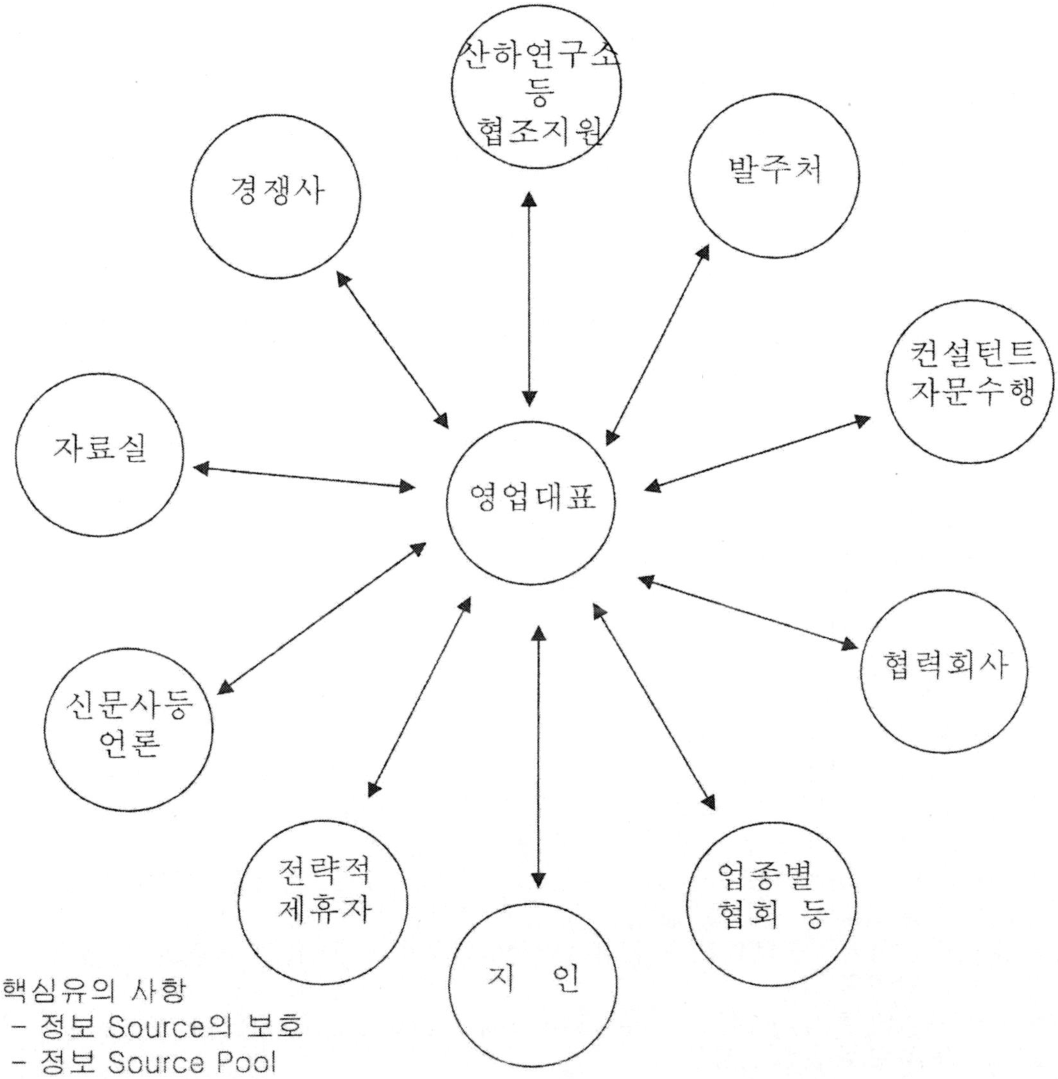

핵심유의 사항
- 정보 Source의 보호
- 정보 Source Pool

* 00일보의 보급사원

5. 정보유도 화법

1) 정보유도 화법이란?

- 정보유도 화법은 정보수집에 있어 가장 중요한 수단의 하나임. 정보유도화법은 함축성 있는 질문 및 청취, 갑작스런 질문 등으로 정보수집에서 의외의 성과를 획득하는 것을 주목표로 함.
- 정보유도 화법은 상대방이 정보가 누설되고 있다는 것을 모르도록 하는 것이 기본 원칙임. 또한, 정보유도 화법은 수집자 자신이 역이용될 수도 있다는 사실을 인식하여야 함. 따라서 정보수집자는 정보유도 화법의 기본기술과 유의사항을 숙지하여야 함.

2) 정보유도 화법의 준비

- 사전지식 : 상대방 인물에 대한 배경과 수집대상 정보에 대한 기본지식
- 목표설정 : 과도한 목표를 설정하여 실수를 하게 되거나 질문의 의도를 노출 시켜서 곤란 유도
- 시간의 설정 : 상대방의 마음이 열릴 때를 이용
- 장소의 선택 : 대화할 장소에 대한 사전지식을 가지고 대화의 분위기를 예상하여 적절한 장소를 선택
- 인물접촉 : 대상인물과의 접촉은 극히 자연스러운 매너로 시작되어야 함. (제3자에 의한 소개,동료 수집자들과의 합동 노력 등)
- 개인적 편견 배제 : 출생지, 학력, 경력, 종교 등
- 유도질문의 준비
- 2차 대상 인물선정 : 1차대상에서 실패할 경우를 대비

3) 정보유도화법의 기술

- Rapport의 형성
- 대화능력 : 상대방의 반응에 따라 융통성 있게 대화를 지속시켜 나감
- 의심의 차단
- 청취유지 : 예=예-예- 그런데요?
  *맞장구, 추가질문 등을 통해 상대방이 주로 이야기 하도록 함
- 일상적 질문의 이용
- 지식의 이용 : 전문적 지식과 정보를 제공함으로써 상대방에게 깊이 대화할 능력이 있다는 인식을 심어 주고, 또한 이미 알고 있는 듯이 보임으로써 무심결에 정보를 노출시키게도 할 수 있음
- 오보의 이용 : 오보를 제시하거나 상대방 의견에 반대함으로써 본능적으로 이를 시정하기 위한 행동을 하도록 유도할 수 있음
- 반응파악 : 상대방의 반응에 대화의 열기가 식지 않게 적절한 자극과 분위기를 유지
- 주제의 불일치 검토 : 대화가 목적에서 벗어났는지 판단하여 대화가 본래 목적으로 전환되도록 함
- 기록 : 상대방 앞에서의 기록은 가급적 피함

6. Stroke

- 인간사, 사회생활에 있어 일방이 상대방의 존재를 인정하고 인정 받는 일체의 자극과 반응
  - * Stroke 기아?

1) Paradigm Shift의 변화
- 지식계층의 확충 가속화
- 자기 본위적 협조 요구->상호 Win-Win 마인드,
- 물적가치 -> 정보,실적 형평성 존중

*사회전반의 투명성 제고,형평성 존중

2) Stroke의 유형
- Stroke의 양과 질

구 분	신체적	정신적	조건부	무조건부
존재인지	직접접촉	언어적,물질적 표시	행위,태도	존재,인격
긍정				
부정				

* No Stroke, 무시
* Timing, 경청

3) 정보수집과 Stroke

고

신뢰성 . 가치

저

You are OK I am Not OK	You are OK I am OK
I am not OK You are Not OK	I am OK You are Not OK

속보성-Timing

4) 정보원(정보Source)과의 Stroke Point
- 긍정적 Stroke의 최대화
- 장기적으로 신뢰감 형성 : 긍정적, 무조건부 Stroke
- 단기적,구체적영업 Timing 시급 : 긍정적, 조건부 Stroke
*정보원의 정보차단행위, 배타적 상황 : 조건부, 부정적 Stroke(행동과 영향의 명확,감정의 솔직,순수)

Ⅳ. 정보분석

○ 수집적 정보를 타 정보와 종합, 검토 하여 객관성, 합리성 확보
○ 분석결과에 대한 대응방안 강구

1. 분석기준

구 분	수집정보 내용	신뢰성	정확성	보안성	확정성	보완성	영향평가
시장 고객 경쟁							

2. 분석틀

구 분	정보내용	전략적 의미	Merit/Demerit	핵심 Issue
사업성				
고객				
경쟁사				
영업활동				
섭외동향				
구매관련				
IT Solution				

3. 대응방안의 강구

Issue	Winning Point	경쟁사 강화전략	경쟁사 약화전략
		실행 전술	실행 전술

* Case Study – 프로젝트 사례4

프로젝트 사례 4

1. 프로젝트 개요

○ 17억 규모의 정보유통 시스템구축 SI PJT
○ 단기 단순 고수익 전제

2. 경쟁상황(A사 수주유력, B사 핵심경쟁, C사)

3. 사업진행 결과

4. 입수정보(B사)

[결론]사업자 선정 지연

5. 정보분석

[결론]B사 입찰참여여부 검토

신뢰성	정확성	보안성	확정성	보완성	영향평가
-정보 Source -지휘감독체계 -친밀도	-객관적 사실 -예상 시나리오와의 합치 등	-문서화 여부 -논의 주체 -논의 대상 (개별. 전체)	-수정/추가 -조치 여부 -전결 여부	-절대적 선택적	-입찰 참여 배제 우려

6. 분석률

Issue	Winning Point	경쟁사 강화 전략	경쟁사 약화 전략
	-입찰실시하면 B사100% 수주 의미	-수주후 사업 수행/관리상의 애로	-사업추진 여부결정 -입찰 실시 유도 <MIG or 조달청>

7. 대응방안의 강구

Issue	Winning Point	실행전송
사업 추진 (입찰 실시)	-조달청 입찰 조속 실시 (사업수행환경 조성 병행일치)	Marginary : 불공정, 편파적 성향 문제제기 등 Good : 조달청에 공식 문제제기 해결방안 모색 Excellent : 3자간 원만한 합의 및 협력 Outstanding : 직무유기+시정조치

8. 최종결과 : B사 수주

시사점

V. 정보활용

1. SI 종합관리 시스템(공유의 개념으로 받아들여야)

1) 프로젝트 영업부문의 시스템 이용 Flow

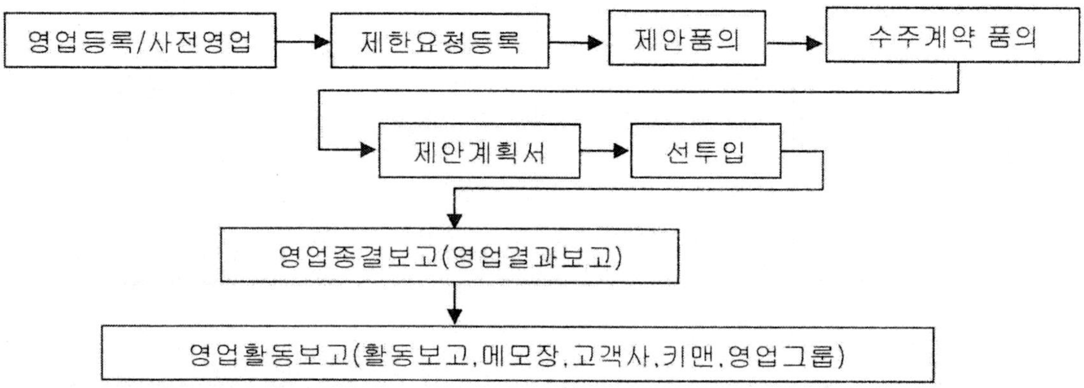

2) 영업등록/활동 보고서

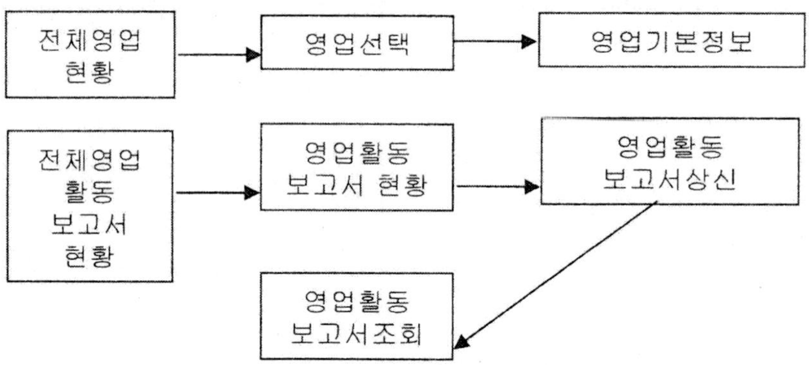

3) 고객사/키맨

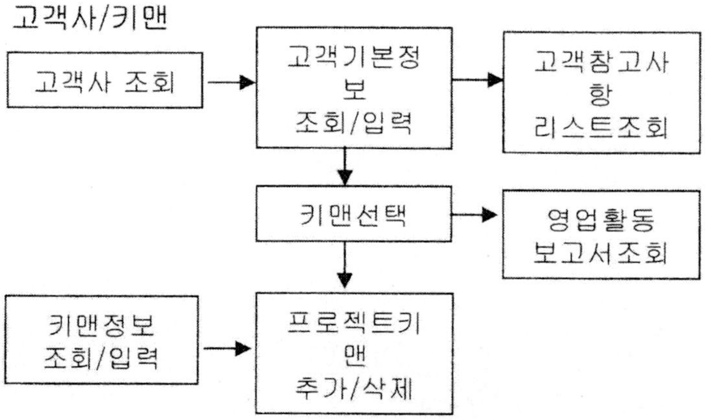

2. 정보 보안

1) 정보보안 필요성

- 영업정보, 첩보:영업대표의 자산
- 경제적 가치 있는 정보 -> 침탈, 이전속도 통제 곤란
- 정보유출, 보안 실패시 피해
  * 기투입된 영업비용 손실, 경쟁력 약화, 매출/수익 약화 야기 가능성 내재
  * 사기저하, 조직(영업)와해 및 영업의욕 상실, 이미지 하락

2) 정보 보안 실패사례 : Case Study – 프로젝트 사례 2

3) 정보 유출 요인과 대책

- 고객내의 경쟁사 인력관리 실패
  -> 오보/역정보 제공
- 대고객을 통한 Miss Communication 의 확인
- 영업활동상의 대외 청취자
  -> 장소/Role 충실

부 록

1. EHCS 탐방(중소기업청 뉴스)
   - CEO 권 중 호

2. SI 사업계획서

3. EMCS 사업계획서

4. 회사소개서 ; (주) 아이비리더스

포커스 유망中企를 찾아서 — 시스템 통합 벤처

(주)이엠씨에스
www.e-mcs.co.kr

기업 리엔지니어링 시스템 ERP, 글로벌 표준 '리더'

권종호 대표

생산에서 회계까지 일원화된 정보 '한손에' 기업가 정신, 사회발전에 기여하는 '마음'

eMCS(이엠씨에스, www.e-mcs.co.kr 대표 권종호)는 자동차 업종과 제조업체에 생산·인사·회계·재고 관리 등을 통합적으로 관리케 하는 전산 프로그램 지원 및 경영시스템 솔루션(ERP, Enterprise Resource Planning) 제공 전문업체다.

권종호 사장은 ERP 시스템 통합정보(SI)를 이렇게 설명한다. "기업은 생산과 판매, 인사와 회계, 출고와 재고 등 각기의 항목을 따로 관리하면 매우 불편하고 비능률적이므로 생산, 판매, 인사, 회계, 자금, 원가, 고정자산 등의 각각의 항목을 하나의 운영 시스템으로 묶어 통합적으로 관리해야 하는 데, 이것을 지원하는 프로그램이 ERP"라고 했다.

ERP(Enterprise Resource Planning)는 전사적 자원관리 시스템이라고 불린다. 기업은 경영활동에서 여러 개의 운영파트가 각자의 시스템별로 독립적으로 운영되면 정보가 서로 연결이 되지 않아 낭비가 초래된다.

ERP는 회사내에서 경영자원을 하나의 시스템으로 재구축해서 생산성을 극대화하려는 기업의 리엔지니어링의 대표적인 기법중의 하나다.

권 사장은 "ERP에서는 어느 한 시스템에서 데이타를 입력하면 회사내 전체의 자료가 반응하게끔 연결돼 전사적으로 운영된다"고 했다. 그는 ERP의 장점에 대해 "원재료, 제품 등의 재고 관리가 쉽고, 생산성 향상을 위한 체계가 갖춰진다"고 한다. 또 "영업에서부터 회계에 이르기까지 모든 정보의 흐름이 일원화 된다"고 강조했다.

권 사장은 4년전 2003년 미국계 ERP 솔루션 공급업체인 'QADI'사의 한국내 총배급권자로 지정을 받았다. 1979년에 설립된 'QADI'는 종업원 1천200명, 전세계 25개국에 해외 현지사무소를 구축, 연 매출 2천700억원에 달한다. 글로벌 100대 기업중 20개 기업이 'QADI'의 ERP 솔루션을 사용할 정도로 기술력은 우수하다. 기업용 소프트웨어 제작 전문업체인 미국계 '오라클' '마이크로소프트' 독일계 'SAP'에 이어 이 분야의 선두 주자다.

권 사장은 2001. 11월에 설립된 eMCS를 올해 2월에 인수해 ERP 솔루션 컨설팅 및 공급을 전담하고 있다. eMCS가 처리하는 경영컨설팅과 정보기술 솔루션은 경영정보(MIS, Management Information System) 컨설팅 분야.

시스템 통합 & 관리 서비스, 패키지 소프트웨어 컨설팅이다. 그간 통합관리 시스템, 유통 시스템 및 재무 시스템의 서비스를 제공하는 컨설팅 업계의 선두주자로 많은 국내 중견 기업들에게 정보기술 솔루션을 제공해 왔다.

권 사장은 한국방송통신대학원 경영학 석사과정에 이어 숭실대 경영학 박사과정까지 마쳤다. 현재 안동과학대 싸이버 테러 대응학과 겸임교수도 맡고 있다.

그는 "그간 쌓아온 ERP의 학문적 지식을 기업경영에서 익힌 노우 하우와 경험을 더해 후학들에게 전수해주는 것이 즐거움이다"라고 했다. 그는 한때 '한일정보통신' 등에서 기업이 필요로 하는 정보시스템에 관해 기획에서 개발과 구축, 나아가 운영까지 모든 서비스를 제공하는 SI(System Integration)를 맡았다. 이후 미국계 '오브컴U·S·A'에서 총괄 마켓팅을 담당할 정도로 국내외에서 다재다능하고 인간관계에 정통한 전문가로 폭넓게 인식되고 있다.

차세대 주력사업으로는 ESM 전사적 보완관리 시스템과 인공위성을 이용한 GPS 네비게이션 SI사업에 집중할 계획이다. 매출은 사업을 개시한 금년 20억원, 내년엔 50억원이 목표다. 또한 글로벌 경쟁시장으로의 진입을 위한 전초기지로 중국 진출을 계획하고 있다.

그는 "기업가 정신이란 마켓팅과 재무회계로 무장돼야 하지만 보다 중요한 사항은 사회 발전에 항상 기여하고자 하는 마음이다". "진정한 의미에서 기업가는 기부금마저도 법인의 이익금이 아닌 개인의 사금고에서 내야한다". "돈을 벌었으면 사회에 환원하려는 마음이 앞서야 한다. 마이크로소프트의 빌게이츠, 애플의 스티브잡스는 기부금을 개인의 돈으로 헌납하는 것을 관행으로 여긴다"며 기업인의 사회적 역할을 강조했다.

문의 02-522-8900

전현호기자·사진=나영운기자

협찬 : 서울지방중소기업청

Sytem Intergration 을 위한 사 업 계 획 서

2009.03.15

ManagementPhd Finished. MBA
권 중 호
e-mail: orbcomm@hanmail.net
http://blog.daum.net/paulwww
Mobile : 010-5521-0411

목 차

1. 사업 개요
   1) 사업 개요
   2) 사업 전략
2. 시장 분석
   1) 산업별 시장분석
   2) 솔루션별 경쟁사 현황
3. 사업 계획 및 전략
   1) 전반적 사업 계획
   2) 분야별 사업 계획
   3) 사업 Flow
4. 매출계획
   1) 매출 목표
   2) 분기별 매출 목표
5. 조직 및 인원 계획
   1) 조직구조 및 충원계획
6. 요약 손익계산서
7. 요약일반판매관리비

사업개요

사업개요(Vision)

' High Tech Business Creation '

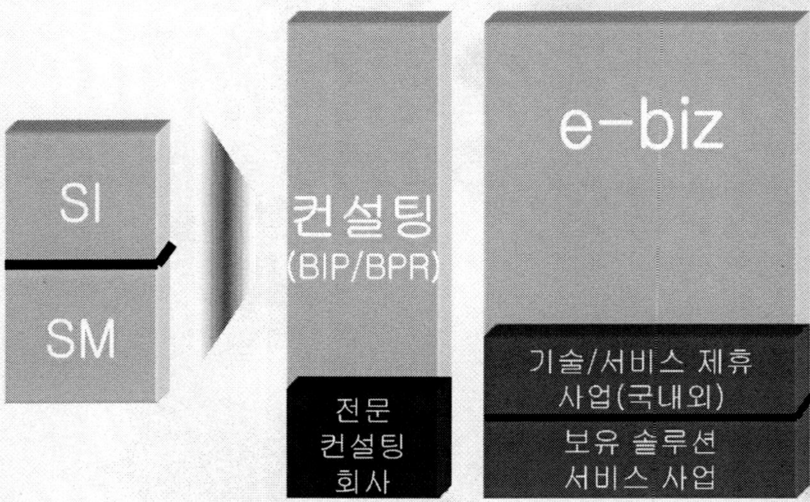

- 고객의 성공과 혁신을 위하여 최고의 솔루션과 e-service를 제공하는 e-biz
- 업무지식과 IT지식을 바탕으로 새로운 비즈니스 모델의 제공
- 지식/인적자원의 효율적 결합 및 고객과의 신뢰관계 구축

사업전략

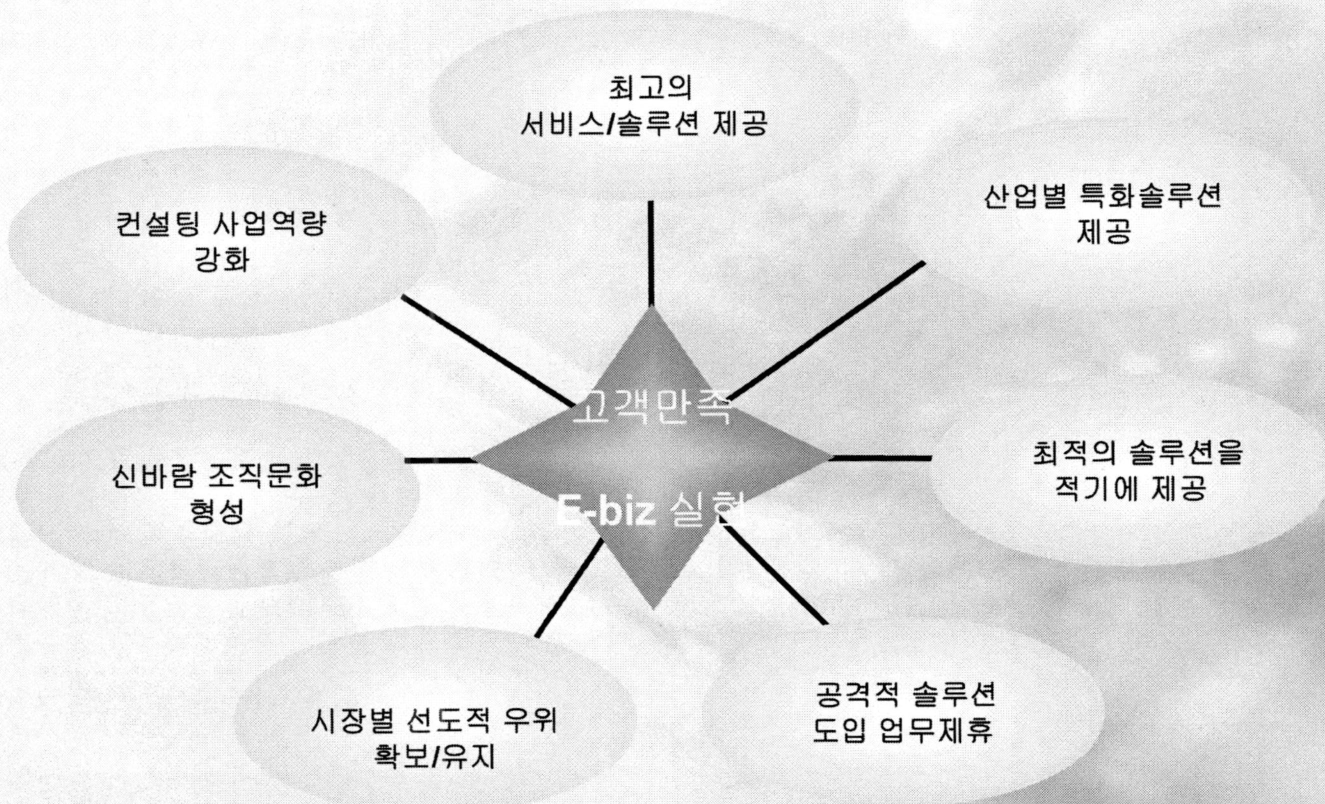
최고의
서비스/솔루션 제공
산업별 특화솔루션
제공
컨설팅 사업역량
강화
고객만족
E-biz 실현
신바람 조직문화
형성
최적의 솔루션을
적기에 제공
시장별 선도적 우위
확보/유지
공격적 솔루션
도입 업무제휴

산업별 시장분석-통신

통신산업은 대표적 서비스업종으로 투자 또한 여타 산업에 비해 그 규모가 클 뿐만 아니라 역동적이다. 01년은 이동통신시장의 빠른 성장으로 유/무선통신사들의 명암이 엇갈렸다.전통적인 유선통신사업자들은 수익성 호전을 위해 IT투자에 소극적이었던 반면 이동통신사들은 ERP같은 e비즈니스 솔루션 도입을 확대하는 등 경쟁우위를 확보하는데 분주했다.

		한국통신	데이콤	하나로통신	SK텔레콤	KT프리텔	LG텔레콤
07	IT예산	1148억	550억	250억	411억	470억	180억
	프로젝트	• 전자결제.전자문서함 구축 • 주요 시스템 인트라넷 구축 • 네트웍 성능개선	• 통합시스템 구축 • KMS 활성화 추진 • 홈페이지 구조 개편	• 코러스 구조개선 • 신재무시스템 구축	• 2차 ERP구축 • 전자조달시스템 • CRM캠페인 매니지 먼트 강화	• CRM 컨설팅 • ERP.관리회계 강화 • KM 시스템 구축 • EDW 주제영역의 확장	• 2단계 데이터빌링 구축 • CSBS기능 개선 • CRM 도입 • EAI 인프라 구축
08	IT예산	07년 유사	550억	250억	미정	700억	미정
	프로젝트	• CRM 도입 • ERP 구매모듈 도입 • KMS 확장	• 윙크 개선작업 • 보안시스템 도입	• 디스크 증설	• 차세대 빌링시스템 개발 • SK신세기통신 통합 • CRM 확대 • 3차 ERP 프로젝트	• 차세대 빌링시스템 구축 • EKM 구축	• 차세대 빌링시스템 구축 • EAI 구축

산업별 시장분석-호텔

05년 호텔업계는 경기침체로 인한 매출의 감소에도 불구하고 정보화 추진작업은 활발하게 진행했다. 특히 05년 발빠르게 기본 인프라 구축을 완료하고 객실 정보화작업
에 들어갔다. 01년 호텔업계 최대의 이슈는 CRM 구축이었으며 06년에도 이 작업은 계속될 것으로 보임.

		조선	워커힐	하얏트	르네상스	신라
2007	IT예산	17억	35억	30억	4억	30억
	프로젝트	• 루넷 TBIS 구축 • 화상회의/PDA 시설 완비	• 매지넷 IRIS 구축 • 기가비트이더넷 구축 • DW 구축 (10억) • 자체 ERP	• 인프라 구축/시스템 교체에 역점 • IBM 서버 • 3콤의 스위치 • 시스코 라우터	• E1급 인프라 구축	• 8월부터 CRM 구축 중.

2008 프로젝트

• CRM → 고객들의 정보가 가장 중요한 호텔업계에서는 CRM이 가장 중요하나 아직 100% 활용을 하는 호텔은 찾기 힘들다. 이는 호텔 특성의 CRM모델의 부재에도 그 원인이 있다고 보여지고 예산 규모의 문제도 들 수 있다. 하여튼 05년에는 영업부문에 대한 투자가 본격화될 것으로 전망된다.

산업별 시장분석-대학

각 대학들이 07년 가장 신경 쓴 정보화 작업은 인프라 확충과 종합정보시스템의 구축이다. 서울대,한양대 연세대 등 주요 대학들은 올해 1단계 정보화 구축이 완료됐다고 평가했다. 08년 대학가에서는 백업시스템 보안시스템에 대한 투자가 본격화될 전망이며,무선랜 도입도 활발할 것으로 보인다.

연도	구분	서울대	연세대	한양대
2007	IT예산	70억	60억	120억
	인프라	• 코어망 10G • 간선망 2G • 건물망 1G 쌍용정보통신	• 622/155 Mbps ATM 구축 • 건물서브네트웍 155 Mbps • 01년 행정 ERP 구축 • 05년 학사업무 ERP 구축예정	• 622 Mbps ATM 구축 • 간선망 155 Mbps
2008	종합정보 시스템	• 종합학술정보시스템 (전자도서관사업 일부)	• 통합행정정보시스템 구축 • 06년 통합학사정보시스템	• 06년 6월 종합정보시스템 구축 (학사,행정,입시,학술정보를 비롯 GW와 가상대학 서비스 포함)

산업별 시장분석-종합병원

종합병원들은 올해 계속된 의료정책 변화와 경기침체의 여파로 수익이 악화됐고 이는 각 병원들의 IT부문 투자를 어렵게 했다. 그나마 07년 종합병원들이 공통적으로 전개한 병원정보화는 00년부터 진행해 온 풀PACS의 구축이었다. 08년에는 대부분의 병원들이 EMR도입에 나설 것으로 전망된다.

연도	구분	서울대	삼성	연세대	서울중앙
2007	IT예산	130억	75억	115억	60억
		→실제 1/2 수준의 투자			
	프로젝트	• PACS 구축완료 (의학영상전송시스템)	• 기간계 서버 교체 (HP슈터돔 2대)	• PACS 구축 • 네트웍을 기가비트 백본으로 교체	• 네트웍을 기가비트 백본으로 교체
2008	프로젝트	• EMR(전자의무기록)	• EMR	• EMR	• EMR

산업별 시장분석-은행

은행권은 07년에도 인수/합병을 지속, 규모의 경쟁에 나설 것으로 예상.그러나 대부분의 은행들이 현재 추진중인 차세대시스템 등 각종 프로젝트를 계속 추진할 것으로 전망돼 08년 IT투자는 07년보다 늘어날 전망이다. 10개 은행의 08년 IT투자예산은 07년 9381억원보다 50%늘어난 총 1조 5300억원에 달할 것으로 보인다.

		우리금융지수회사 한빛.평화.경남.광주은행	국민은행	외환.하나.조흥.한미
07	IT예산	1900억	3932억	3549억
	프로젝트	• 우리금융정보시스템 설립 -전산 아웃소싱 담당 • IBM-컨설팅 담당		• 코러스 구조개선 • 신 재무시스템 구축
08	IT예산	3726억	6000억	5000억
	프로젝트	• 전산시스템 통합 (고객유통합-6월) • 전사센터/백업센타 구축 • 차세대시스템은 한빛의 알타미라기반의 시스템	• 국민.주택은행 전산 시스템 통합(6월까지)	• 외환-개방형 주전산 시스템 환경으로 전환 (LG_EDS) • 우리금융정보시스템의 외환.기업.수출입 은행에의 업무 확대 추진

산업별 시장분석-증권

증권사들은 사이버트레이딩 증가만큼 07년에도 전자장외증권시장(ECN) 활성화에 기대를 하고있다. 01년 증권사들은 재해복구센타 구축과 ESM. CRM.DW.HTS 구축에 혼신을 다했다. 08년에도 현재 추진중인 각종 프로젝트뿐 아니라 신규 프로젝트 추진을 위해 50%이상의 신규 투자를 늘릴 것으로 보인다.
(07년 1942억 -> 08년 2913억 예상)

2007 → 2008

DRS
- 대신/동양 → **07**년 **10**월 오픈
- 신영/교보/**LG** →**06**년 **12**월까지 구축
- 신한 → **07**년**8**월 구축완료
- 현대/삼성 → **07**년 하반기까지 자체 복구센타 추진 중

CRM
- 대우 → **07**년 **9**월 구축 완료
- 굿모닝 → 기 **CRM**에 **CTI** 기능의 추가 작업 중
- 동양 → **07**년 **4**월 **DW**구축. **eCRM** 구축 중
- 한화 → **DW.CRM 1**차 프로젝트 **04**년 완료 **(SAS). 05**년 추가작업

HTS
- 대우 → **10**월 **BESTez Qway**
- 한화 → **10**월 **EZ-Net Plus**
- 대신/현대 → 리눅스 기반의 **HTS** 개발
- 기타 증권사도 **HTS** 비중이 높아짐에 따라 **HTS** 기능의 보안,강화에 역점.

ECN
- 대신 → 실시간 차트시스템, 자동종목검색 마술사 '리얼 파인더' 개발
- 신한 → 이지스탁 **2008**
- 기타 증권사들도 **ECN** 시장을 위한 시스템 구축에 초점.

산업별 시장분석-신용카드

신용카드업계는 07년 경기침체에도 불구 급성장한 업종으로 춘추전국시대를 맞이했다. 이는 은행,증권사들의 카드사업 확대와 신규진출 때문.08년에도 은행,증권,보험사들이 시장점유율 확대에 나설 것으로 보여 사업자간의 경쟁은 더욱 치열해질 것으로 보인다. 이런 시장변화에 따라 대부분의 카드사업자들의 IT 투자는 대폭 늘어날 것으로 전망된다.

2007

ERP

- 외환 → **07**년 **8**월,업계최초로 업무전반에 걸친 **ERP** 도입 **(Oracle.PwC)**
- 현대 → 예산관리,종합수익관리 시스템 도입 **(Anderson. Oracle OFSA)**
- 삼성 → **SAP**의 인사관리 모듈 도입

백업시스템

- 삼성 → 업계 최초로 삼성**SDS**와 과천 **e**데이터센터 외에 원거리 시스템으로 구미 **e**데이터센터에 **DRS** 가동
- 대부분의 신용카드사들도 **02**년 백업시스템 구축에 열중할 것으로 보인다.

2008

보안

- **07**년 신규고객 유치와 기존고객의 이용율을 높이기 위해 사이버 보안을 강화
- **LG → Xecure Web 4.1** 장착

산업별 시장분석-보험

보험업계는 07년 경쟁적으로 차세대시스템 개발에 나섰다. 특히 보험사들은 인수/합병 보험사간의 IT통합,ERP시스템 추가개발,온라인상품 판매시스템 활용에 역점을 두었다. 보험업종의 08년 IT투자는 구조조정 결과에 따라 증감여부가 결정될 전망이다.

2007

차세대시스템

- 교보 → **07**년 **12**월 **550**억 규모의 시스템 개발 **(IBM)**
- 알리안츠 → **07**년 **10**월 **300**억 규모. **(**동양 시스템즈**)**
- 금호 → **07**년 **5**월까지 **146**억 규모 **(LG-EDS)**
- 대한 → **07**년 **1**월까지 **400**억 규모 (컴팩코리아)
- **SK** → **300~400**억 규모로 추진 중
- 기타 보험사들도 **07**년에는 차세대시스템 개발에 주력할 것으로 보임

ERP

- 알리안츠 → 재무**(FI)**,관리**(CO)** 회계,자금**(CFM)** 모듈 도입
- 교보 →**07**년 **12**월까지 **CFM** 모듈 도입 삼성/대한 → **FI** 모듈 도입
- **SK** → **CFM** 모듈 도입

2008

기타

- 보험사들의 위와 같은 움직임은 급변하는 **e**비즈니스 환경에서 은행,증권,
보험,카드 등 종합금융 상품개발의 유연한 시스템을 보유키 위한 방안으로 보인다.
- 또한 파생상품,채권,단기금융상품과 가계.기업대출을 효과적으로 관리해서 수익을
극대화하는데 필수적으로 요구되고 있다.

산업별 시장분석-공공(중앙정부)

복지부동의 대명사였던 공공기관이 변하고 있다. 지난 00년부터 추진해 오던 '전자정부 구현' 프로젝트가 01년 들어 결실을 맺고 있기 때문이다. 하나 내실 있는 전자정부를 위해서는 IT인력과 예산확보가 시급.

2007년 전자정부 추진 사업비 사용 내역

사업명	2008년 예산	추진 내용
민원혁신시스템(G4C)	128억	지난해181억원 투자. 주민,국민,부동산,기업,세금 등 5대 민원정보 DB의 부처간 공동활용시스템과 정부대표전자민원실 구축
시군구 행정정보화 사업	289억	주민,지적,재정,세정 등 21개 민원행정정보의 시군구간 공동활용 목적. 02년까지 232개 모든 시군구 완료
국세종합서비스 (Home Tax Service)	132억	24시간 세금의 고지,납부,민원발급 및 상담가능
정부전자조달시스템(G2B)	275억	업체등록,입찰.계약,대금지급 등 모든 조달절차를 온라인화
국가재정통합관리시스템	160억	예산,국세,관세 등 재정관련 시스템간 정보공유 및 연계 체계 구축
전국 교육정보시스템	204억	일선 초.중등학교,교육청,교육인적자원부를 연결하는 학사 및 교육행정자료 온라인 유통체계 구축

경쟁사 현황 (솔루션)

- 시장현황
- 당사의 장점

•통신사업자/B2C업체 수요
마케팅강화 수단으로의 수요

•당사 특화솔루션
CTI/CRM과의 통합

•모든 미디어의 통합요구
e-biz의 핵심

•보유솔루션 최고
가격경쟁력 보유

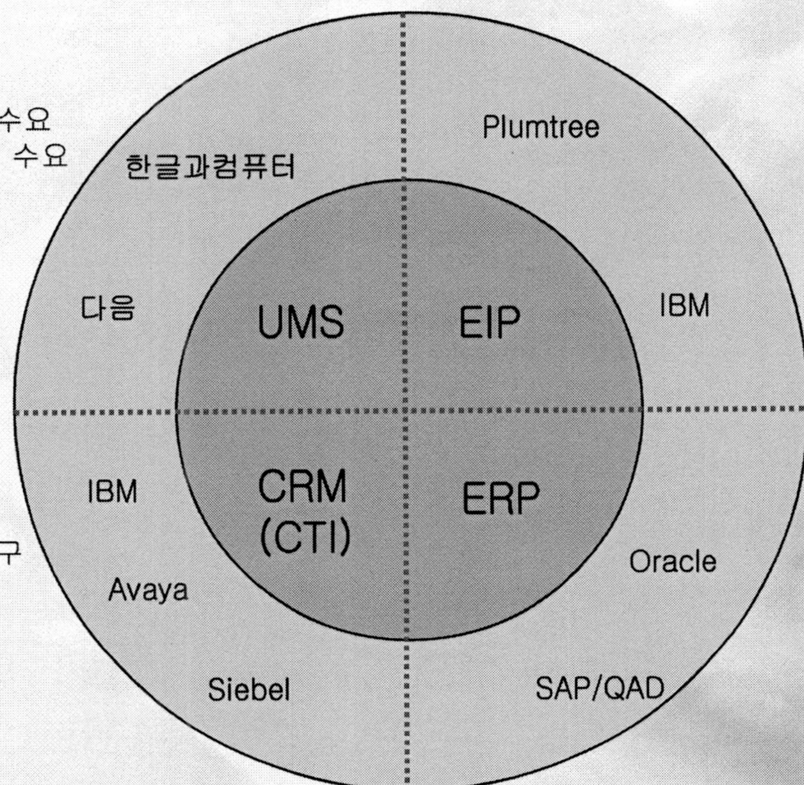

•e-biz 통합 업무환경
KM/CRM 지원요구

•보유솔루션 최고

•가격경쟁력 치열
중소시장의 확대

•Web-based 솔루션
변경/확장 용이

전반적 사업 계획

- 대형/중견 SI 업체
- Consulting 업체
- H/W Vender
- 국내 우수 솔루션 업체

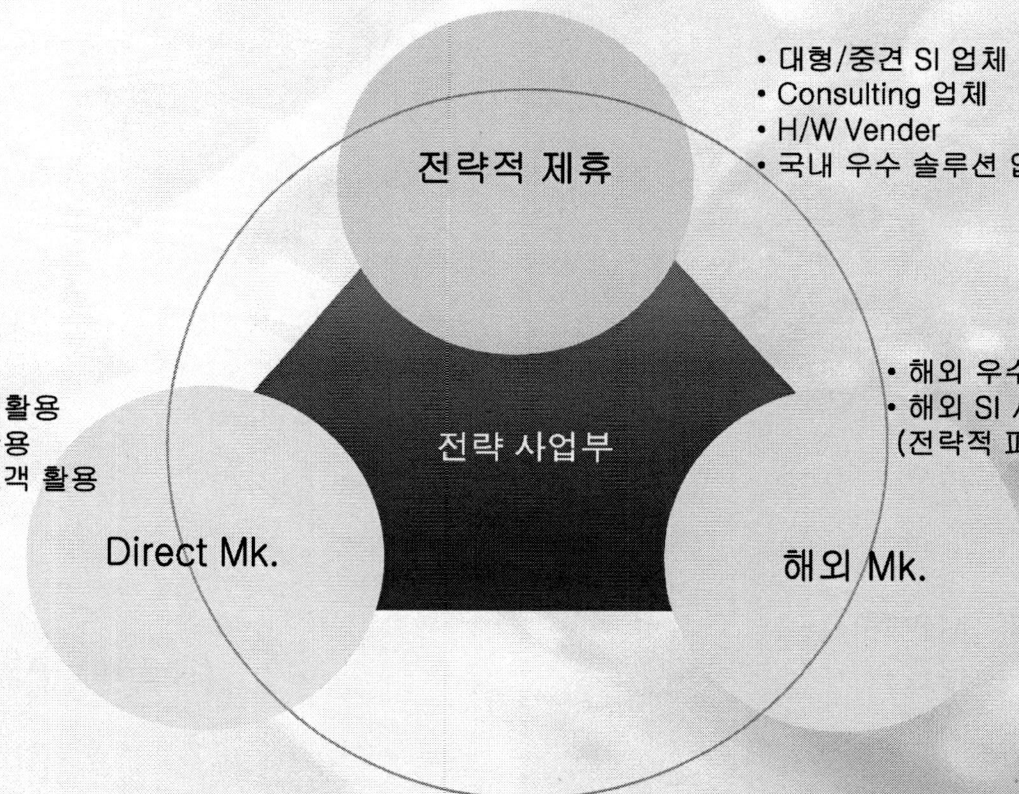

- 해외 우수 솔루션 도입
- 해외 SI 사업 진출 (전략적 파트너 활용)

- 산업별 인맥활용
- 기존고객 활용
- 제휴업체 고객 활용

계획 및 전략

분야별-Direct Mk.

산업분야	고객사	전략
제조	㈜ 쉘주얼리	William .C중역과 업무방안 논의 정봉현 사장과의 인맥 형성하여 접근
	㈜동하기업	김욱 전산팀장과 업무협의
금융	신영증권	정보 시스템부 및 임종승상무와 인적네트웍
대학	안동대학교	김동흥 실장 활용...학내 프로젝트 참여 지방 7개 대 전산실장 활용.
서비스	조선호텔	호텔 전산실장 연결→CRM/DRS
공공	중앙정부기관	공공 SI 경험자 채용...입찰 참가
기타	병원/통신...	백병원 김용옥이사. 병원팀 활용 이광우 본부장활용->하나로/KT

계획 및 전략

분야별-제휴

솔루션,H/W Vender

한국 유니시스
Korea Orbcomm
EDMS 업체
VoIP 업체

Major Consulting

Anderson
IBM
윌리암 엠머 서
에센츄어

전략적 제휴

- 서비스 수준의 향상
- IT 효율성 증대
- 새로운 기술기반으로의 전환
- 기술적 전문성 획득
- 핵심역량에 집중

외국계 업체

Oracle 코리아
SAP 코리아
QAD 코리아

대기업/중견 SI 업체

삼성 SDS. LG-EDS
한일정보. 세아정보

분야별-해외 MK.

고객사	전략
Opalis	국내 판매권 계약 완료 기존 고객(노키아/LG산전)중심의 영업과 입수된 고객리스트 참조
Korea Orbcomm	중국 Sinacom과의 업무 추진 China Orbcomm 활용한 중국 SI 업무 추진 당사 아이템을 Orbcomm 사업자(세계24개국)에 판매
Envox	전략적 제휴를 통한 국내 판권 계약 진행

사업 Flow

업무 Flow	업무 활동	목표 고객
목표 고객 선정 →	● 산업별/솔루션별/서비스별 목표고객의 선정 ● 고객사의 IT 투자 의지/능력 등의 환경분석 ● 고객사 가치 판단 – Reference site로의 가치 미래 지향성 투자가치	● 제휴 : 유니시스/후지쯔 [H?W Vender] 윌리암엠머서 [컨설팅] NST/동방/이니피아…[솔루션 벤더] NBS/Vanex/HIT/EDS/효성…[SI 업체] ● 금융권 : 동원증권/타이거풀스 ● 교육 : 대교 ● 제조 : 범양/삼성 테크윈/세방 ● 서비스 : 조선호텔 ● 기타 : 공공 SI 입찰참가 1팀
접근 안 모색 (재 전략 수립)	● 고객사의 인맥 Search – 1차 접근 안 ● 책임자의 Profile 작성 – 취미/성격/학력… ● 적절한 대응전략 마련	
Meeting	● 고객의 전산시스템 파악 ● 고객사의 Key Man 파악	● 제휴 : SDS [SI업체] ● 해외사업[솔루션 수출입] : Opalis Orbcomm/Envox ● NI 사업: KT/ISP 사업자 , 데이콤/하나로/온세통신… ● 기타 : 공공 SI 입찰참가 2팀
제안	● 최적의 솔루션/서비스의 제안 ● PT Scheduling	
결과 분석 → Feed Back → 재 전략 수립		

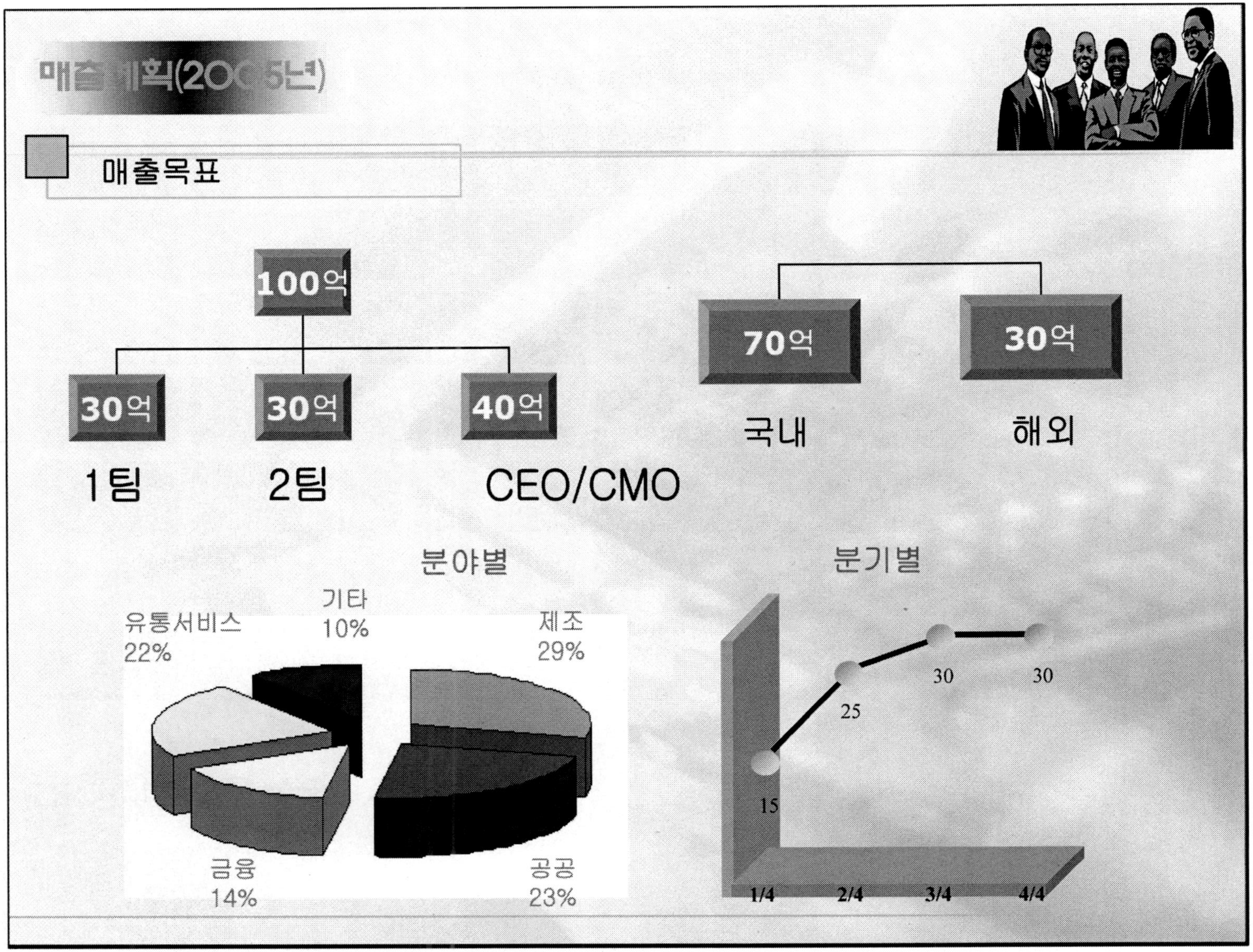
매출계획(2005년)
매출목표
100억
30억
30억
40억
1팀
2팀
CEO/CMO
70억
30억
국내
해외
분야별
유통서비스 22%
기타 10%
제조 29%
금융 14%
공공 23%
분기별
15
25
30
30
1/4
2/4
3/4
4/4

매출 계획

분기별 매출 목표

단위 : 억원

분야	2008년 (100)				2009년 (200)			
	Q1 (15)	Q2 (25)	Q3 (30)	Q4 (30)	Q1 (30)	Q2 (50)	Q3 (60)	Q4 (60)
제조 (29)	5	7	9	8	10	14	18	16
서비스(22)	2	7	7	6	4	14	14	12
금융 (14)	2	3	4	5	4	6	8	10
공공 (23)	4	5	7	7	8	10	14	14
학교 (12)	2	3	3	4	4	6	6	8

조직 및 인원 계획

조직 및 충원 계획

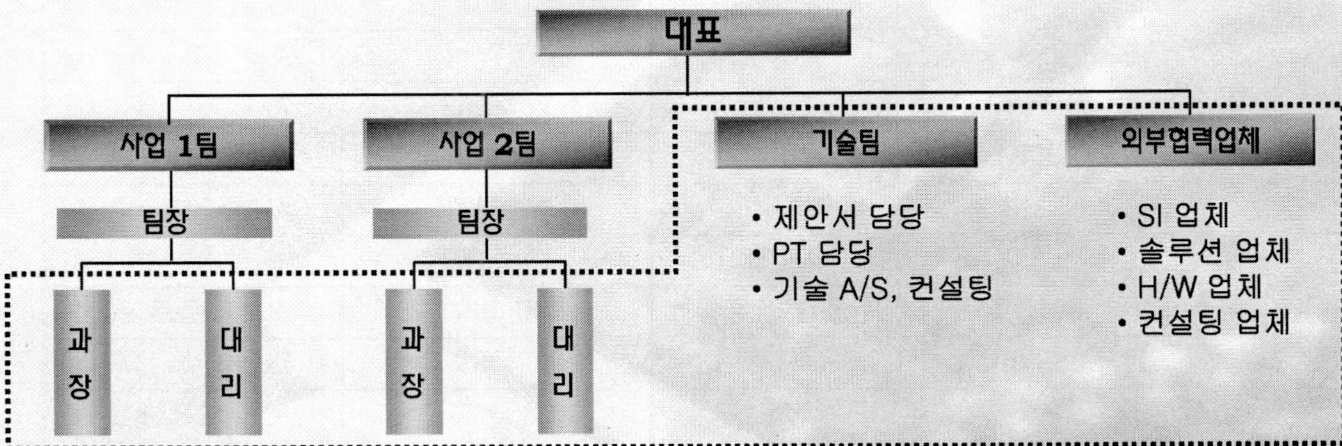

	2008 Q1	Q2	Q3	Q4	2009 Q1
과장		1	1		1
대리	3		2		1
사원	1			2	
	공공담당 2 NI 담당 1 여사원 1	PT담당 1	기술팀 2 영업관리 1	신입2	

요약손익계산서

(단위 : 천원)

계정과목		2008년	2009년	2010년	비 고
매출액	국내매출	7,000,000	13,000,000	14,580,000	
	해외매출	3,000,000	7,000,000	8,900,500	
	소 계	10,000,000	20,000,000	23,480,500	
매 출 원 가		8,350,000	16,400,000	19,723,620	
매 출 총 이 익		1,650,000	3,600,000	3,756,880	
판매비일반관리비		1,052,886	2,963,463	2,904,193	
영 업 이 익		597,114	636,537	745,015	
영 업 외 수 익		7,200	45,603	53,521	
영 업 외 비 용		9,030	60,843	59,408	
경 상 이 익		595,284	621,297	739,128	
특 별 이 익		0	0	0	
특 별 손 실		0	0	0	
법인세차감전순이익		595,284	621,297	739,128	
법 인 세 등		154,679	161,537	194,955	
당 기 순 이 익		440,604	459,760	544,173	

요약일반판매관리비

계정과목	금 액 (천원)	비 고
급 여	346,500	
퇴직급여	28,875	
복리후생비	58,193	
여비교통비	10,680	
통신비	12,240	
해외출장비	72,000	
수도광열비	10,900	
세금과공과	15,806	
임차료	24,000	
수선비	12,000	
보험료	9,000	
접대비	24,000	
지급수수료	153,520	
도서인쇄비	3,060	
차량유지비	27,000	
경상연구비	41,812	
운반비	61,800	
교육훈련비	10,000	
수출제비용	124,000	
잡비	7,499	
합 계	1,052,885	

최적의 기업환경을 위한

Solution을 제공합니다.

eMCS 2009년 사업 계획서

2009년 3월

MCS
Management Consulting Services

목차

- eMCS 현황
- 조직 및 인력현황
- 사업 소개
- 영업 계획
- 재무계획

MCS
Management Consulting Services

eMCS 현황

개요

연혁

사업방향

eMCS현황 -개요

회사명	주식회사 이엠씨에스	설립일	2001년 11월 06일
사업자등록번호	114-86-13467	법인등록번호	110111-2368151
대표자	권 중 호		
자본금	530,000,000원		
주업종	IT Consulting,소프트웨어자문 개발공급, 컴퓨터 및 주변기기 도.소매 등		
소재지	서울시 서초구 방배동 537-20 백산빌딩 2층		
연락처	전화 02-522-8900(대표) 팩스 02-522-2544		
홈페이지	www.e-mcs.co.kr		

MCS Management Consulting Services

eMCS현황 -연혁

1996.12	**- 씨앤씨 엔터프라이즈㈜ 에서 Progress Software Co., 와 Progress 제품에 대한 국내 독점 공급계약 체결**
2001.11	- C&C 엔터프라이즈㈜ Progress 사업본부 분사, ㈜이엠씨에스 설립(자본금 1억)
2001.12	- 유상 증자(자본금 4.3억), 총 자본금 5.3억원, 씨앤씨 엔터프라이즈㈜ 계열사 편입
2001.12	- Frontstep사와 Syteline ERP & e-Business Solution Alliance
	- Progress DBMS 기반 통합솔루션, 컨설팅 및 통합 기술지원 서비스 체계 구축
2002.03	- 삼표산업 시스템 튜닝 Project 수행
2002.04	**- 하이트론시스템을 비롯한 48개사의 PROGRESS DBMS 유지보수 및 기술지원**
2002.04	- 론스텍을 비롯한 6개 벤처사의 BP(Business Process) 아웃소싱 계약
2002.05	- Rockwell 삼성 오토메이션 B2B Project(1차) 수행 완료(MFG/PRO Bolt-On)
2002.07	- 씨앤씨 엔터프라이즈㈜의 ERP 및 IT(Information Technology) 아웃소싱 업체 선정
2002.07	- ㈜아이티비의 RF-VAN 사업 공동추진 협정(MOU) 체결
2002.08	- Rockwell 삼성오토메이션 Extended-ERP Project(2차) 계약 체결(MFG/PRO Bolt-On)
2002.09	- Rockwell 삼성오토메이션 IT(Information Technology) 아웃소싱(IT Infrastructure) 계약 체결
2003.06	**- QAD사와 MFG/PRO ERP Solution Distributorship 계약 체결**
2004.04	- 엠케이전자 MFG/PRO ERP 컨설팅 계약 체결
2005.02	- Remy Korea MFG/PRO ERP 컨설팅 계약 체결
2005.03	**- TRW를 비롯한 14개사의 MFG/PRO ERP 유지보수 및 컨설팅 지원**
2005.06	**- 오토에버시스템즈㈜와 컨설팅 파트너 협정(MOU)체결(현대,기아차동차그룹 및 협력사)**
2005.09	- 동광리어 유한회사 MFG/PRO ERP 구축 계약체결
2005.11	- 동광기연 주식회사 MFG/PRO ERP 구축 계약체결
2006.09	- KAE 주식회사 MFG/PRO ERP 구축계약체결
2006.12	- TRW ERP 관련 진단 Project 계약체결
2007.01	- 평화산업㈜ MFG/PRO ERP 진단 및 개선 Project 계약체결
2007.02	- 대주주 변동 및 권중호 대표이사 취임

eMCS현황 –사업방향

전세계적인 eMCS의 자원은 우리의 고객에게 균일하고도 "세계를 내다보는" 최고 품질의 솔루션을 드릴 수 있게 합니다

eMCS는 다양한 산업부문에 걸쳐 다음과 같은 **경영컨설팅 및 정보기술 솔루션** 을 제공하고 있습니다.

- ***Consulting(ERP & BPR)***
  - Package S/W Consulting
    . ERP Package S/W Implementation Consulting
    . Business Application Package S/W Development & Implementation Consulting
  - SISP (Strategic Information System Planning : 전략정보시스템 계획)
  - ISP (Information System Planning : 정보시스템 계획)

- ***Business Management Consulting***
  - CI & CM(Change Integration & Management : 변화관리 자문)
  - BPR/BPI (Business Process Reengineering/Improvement : 경영 재구축 자문)
  - 업무표준화 자문

- ***SI(System Integration) & SM(System Management) Service***
  - System Development & Integration
  - Solution Development & Implementation
  - 개발방법론 자문 (Architecture & Implementation)
  - SM Service

조직 및 인력현황

조직도

인원현황

인력운용계획

조직 및 인력 현황- 조직도

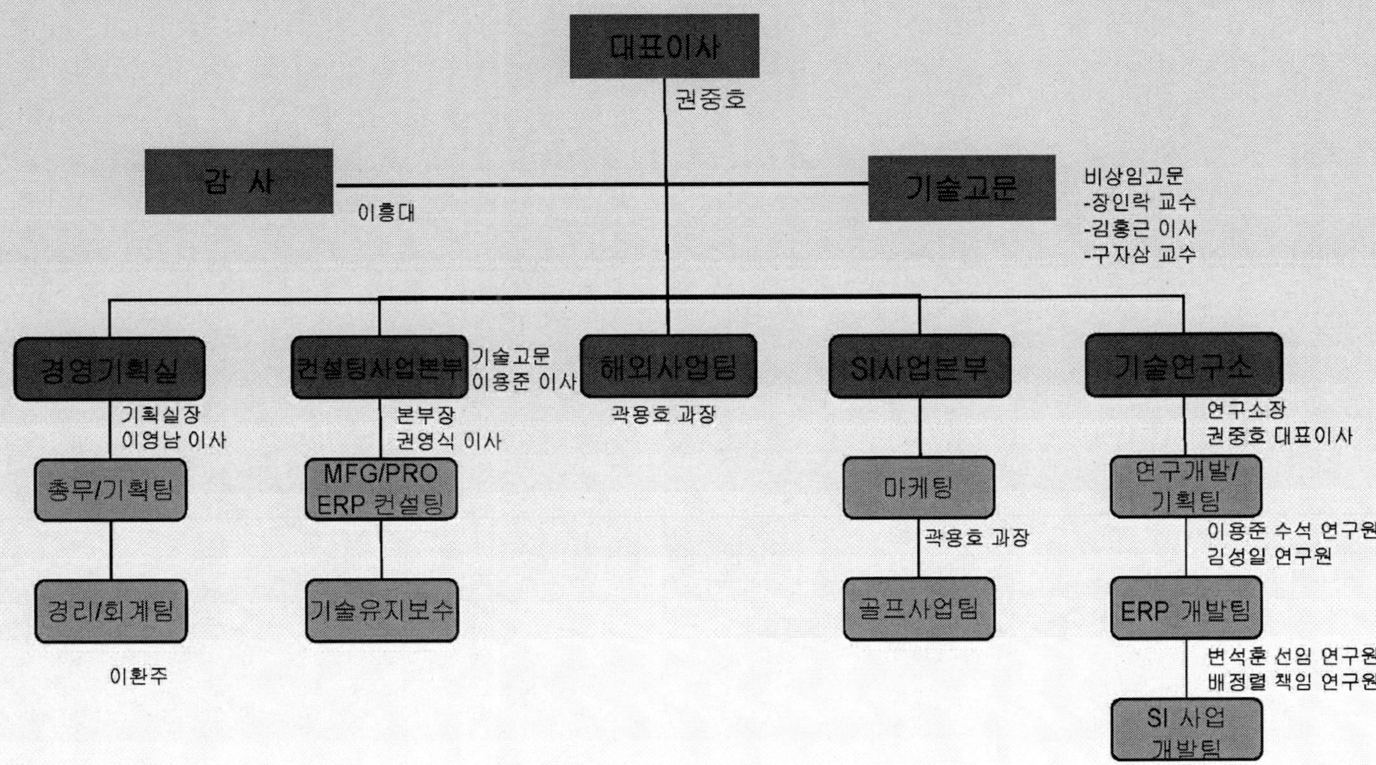
대표이사
권중호
감 사
이흥대
기술고문
비상임고문
-장인락 교수
-김홍근 이사
-구자상 교수
경영기획실
기획실장
이영남 이사
총무/기획팀
경리/회계팀
이환주
컨설팅사업본부
기술고문
이용준 이사
본부장
권영식 이사
MFG/PRO
ERP 컨설팅
기술유지보수
해외사업팀
곽용호 과장
SI사업본부
마케팅
곽용호 과장
골프사업팀
기술연구소
연구소장
권중호 대표이사
연구개발/
기획팀
이용준 수석 연구원
김성일 연구원
ERP 개발팀
변석훈 선임 연구원
배정렬 책임 연구원
SI 사업
개발팀

조직 및 인력 현황- 인원현황

eMCS 사업소개

ERP 사업

사업소개- MFG/PRO ERP(QAD 소개)

QAD 회사 정보

NASDAQ:	QADI
본사:	Carpinteria, CA
사무소:	26 개국
고객 사이트:	5,200 worldwide
직원:	약 1,300
수입:	$200 million

QAD 고객 분포

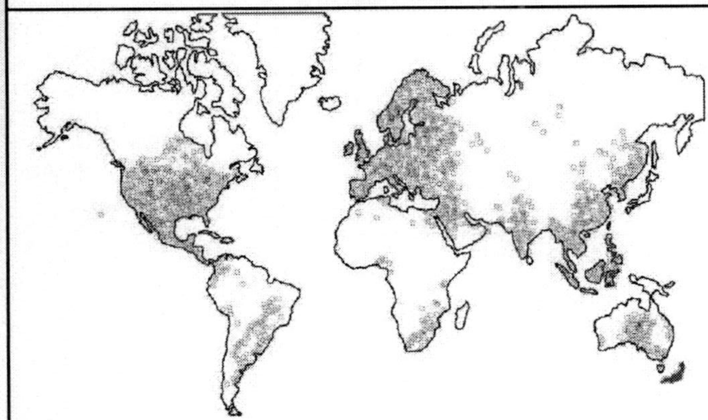

QAD FACTS

- *Fortune Magazine* calls Pam Lopker a "Hero of U.S. Manufacturing," *March 2001*
- *Start Magazine* names Pam Lopker a "Visionary CEO" in June 2002
- *MSI Magazine* awards Pam with "Paragon of Planning" in December 2002
- QAD achieves customer retention rate of more than 90%
- 32% of *Fortune* 500 manufacturers use QAD
- 10% of manufacturing sites worldwide use QAD including
  - 4 out of 5 of the world's largest electronics
  - 3 out of 4 of the world's largest medical
  - 4 out of 5 of the world's largest beverage
  - 2 out of 4 of world's largest food
  - 16 out of 25 of the world's largest automotive suppliers

사업소개- MFG/PRO ERP(QAD 소개- Mid market ERP Magic Quadrant)

Figure 1
The ERP II Discrete-Manufacturing, Midmarket Magic Quadrant — 1Q03

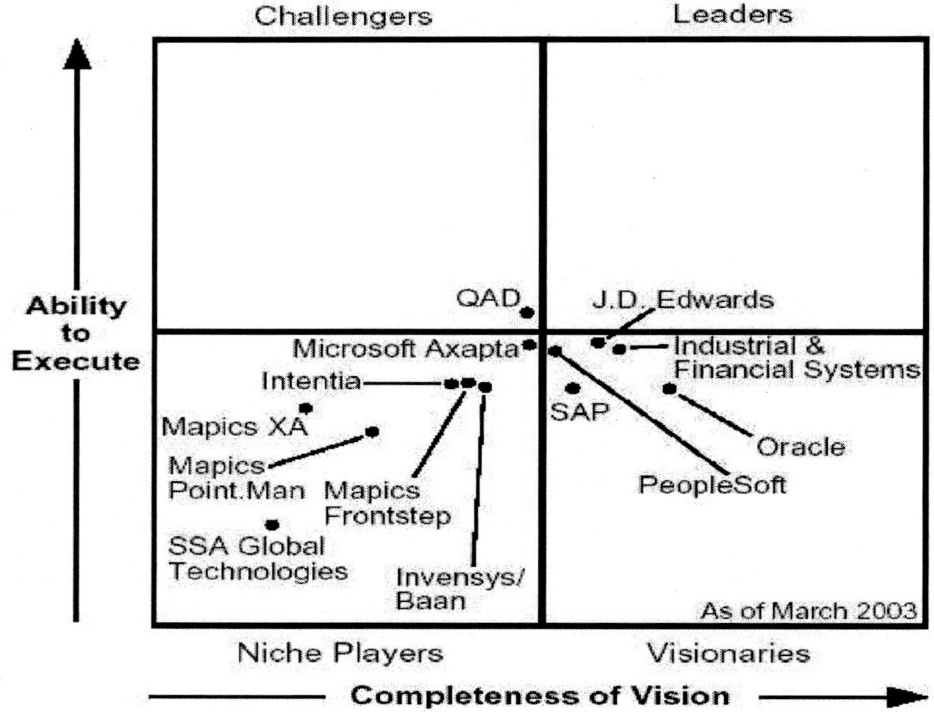

Source: Gartner Research (March 2003)

사업소개- MFG/PRO ERP(범위)

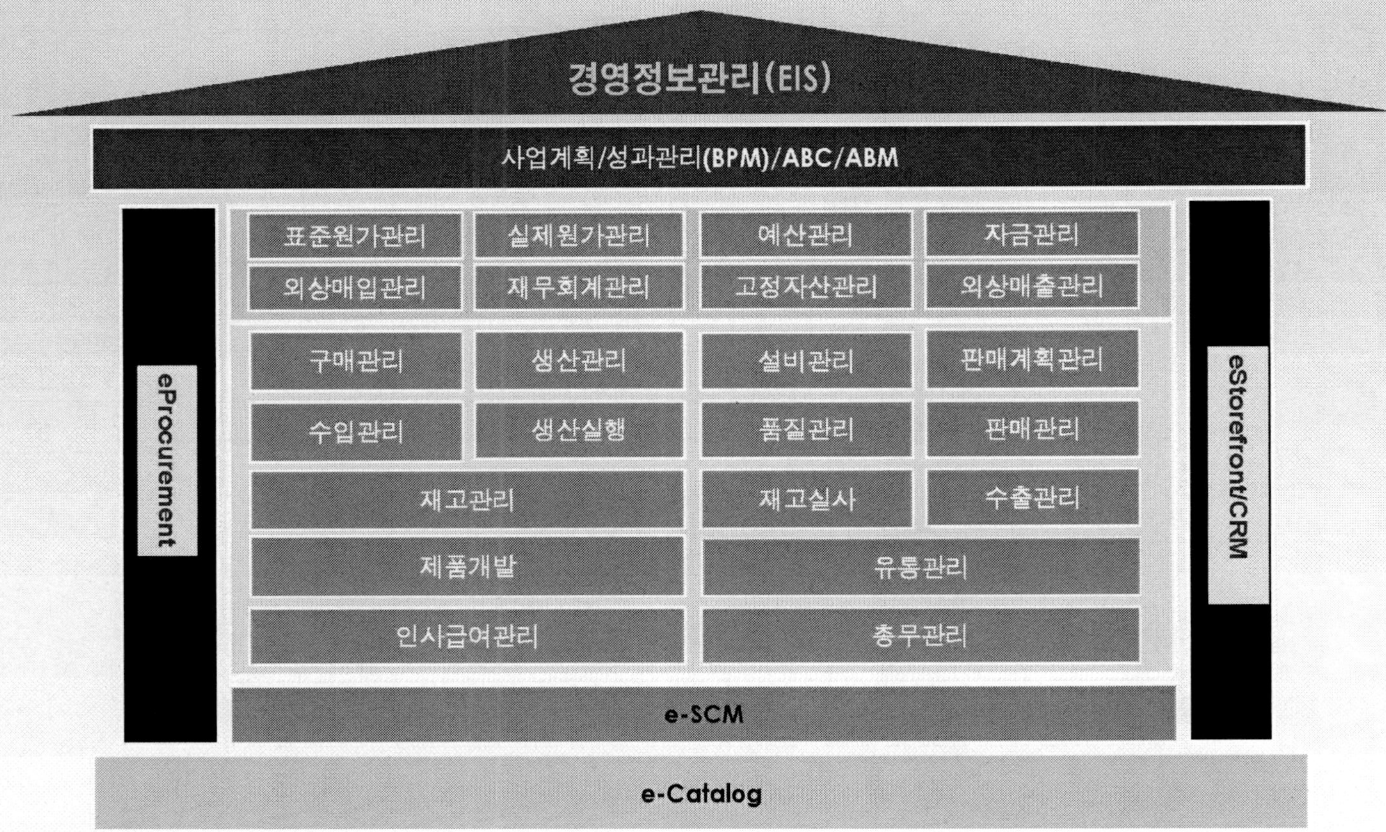

MCS Management Consulting Services

사업소개- MFG/PRO ERP(구성도)

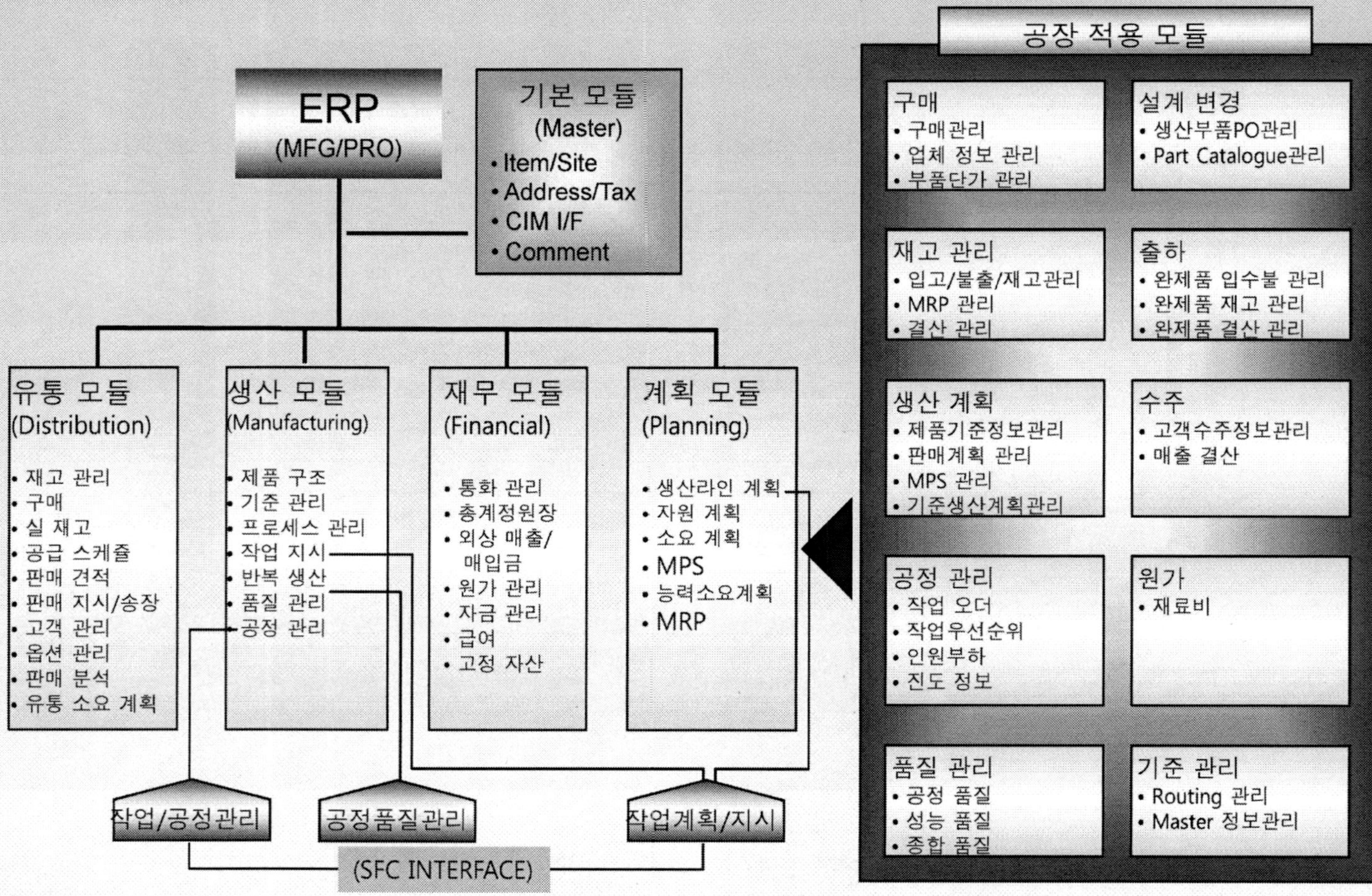

사업소개- MFG/PRO ERP(특징)

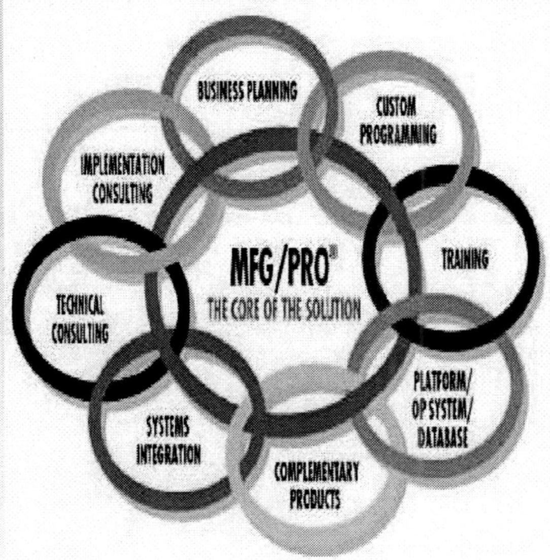

- 판매오더 처리, 회계관리, 필드서비스를 포함한 완벽한 제조 및 유통관리 소프트웨어 시스템
- 모듈단위로 사용할 수 있는 완전하게 통합된 소프트웨어 패키지로 반복생산에서 고객사양 생산에 이르는 모든 제조 형태 지원
- 프로세스, 배치프로세스, 계획생산, 고객사양제품, 반복생산 제조환경에 적합하며 세계 수준의 공급체인 관리로 다국적 기업에 유용한 강력한 개방형 시스템 소프트웨어
- MRP II 표준시스템과 미국 생산 및 재고관리 협회(APICS) 제조 표준에 의해 설계

사업소개- MFG/PRO ERP(운영환경)

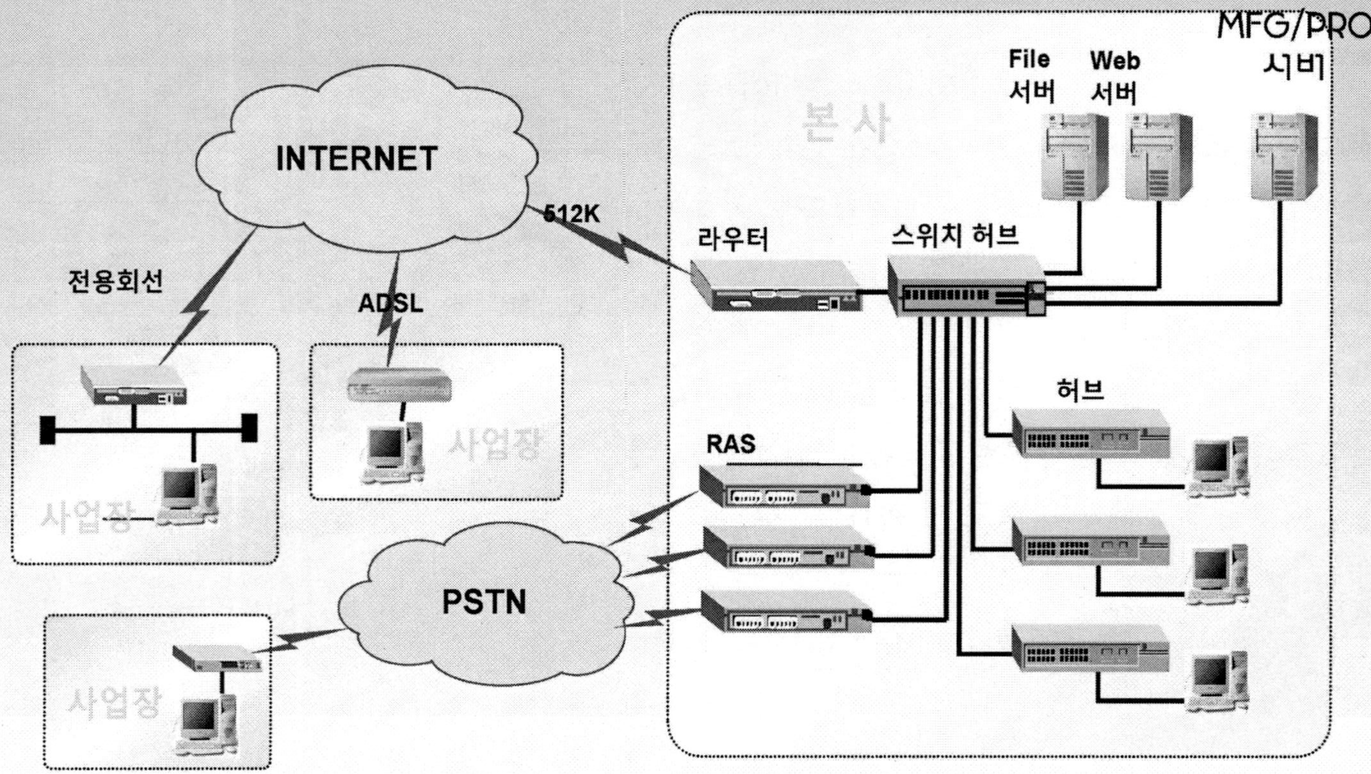

사업소개- MFG/PRO ERP(방법론)

ERP 프로젝트는 본질적으로 정보시스템상의 변화 뿐 아니라 업무 프로세스를 비롯한 기업전반의 혁신을 이루게 합니다. 따라서 ERP 프로젝트에서는 정보시스템 프로젝트 관리 뿐 아니라 기업의 전반적인 변화 관리도 매우 중요하며, 이를 위한 통합된 프로젝트 방법론이 필수적입니다. eMCS의 방법론은 Package Software Implementation (PSI) Base Line과 Custom Software Development(CSD) Base Line의 두 가지 방법론체계로 구성되어 있으며, 전세계적으로 수행한 Big5 Consulting사의 방법론을 국내 적용을 통해 고안된 것으로 국내의 기업에 적합하도록 다양한 산업별로 적용된 우수한 프로젝트 추진 방법론으로 대규모 프로젝트 적용 시, 중견 중소 기업에 적용 시 적합 하도록 구분되어 있습니다.

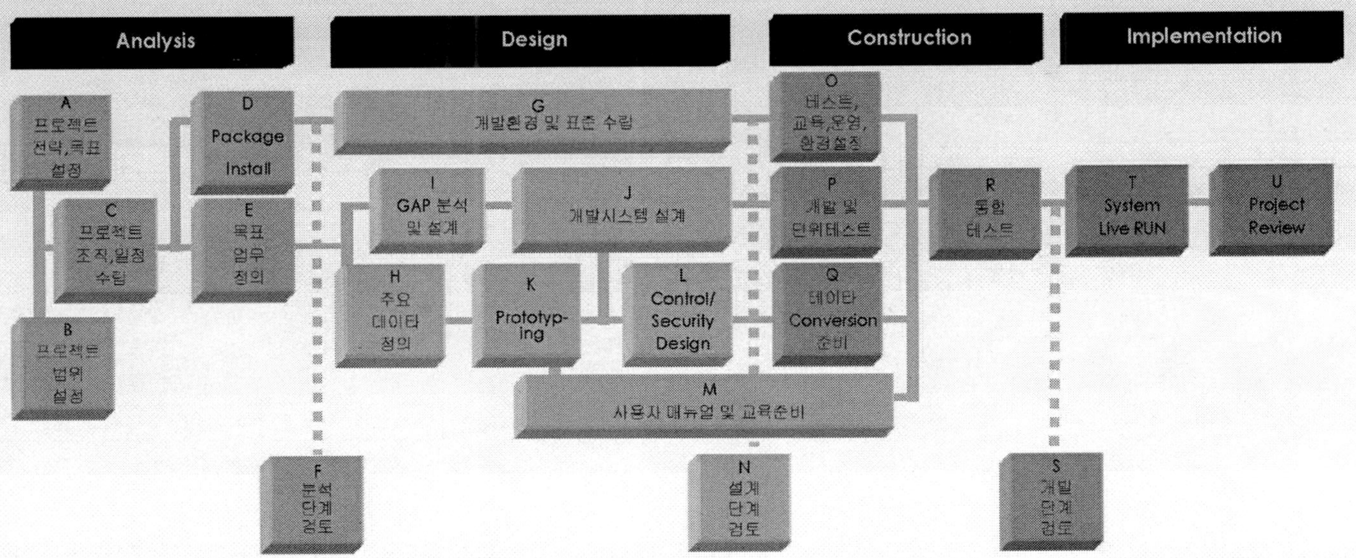

사업소개- eMCS ERP(Process)

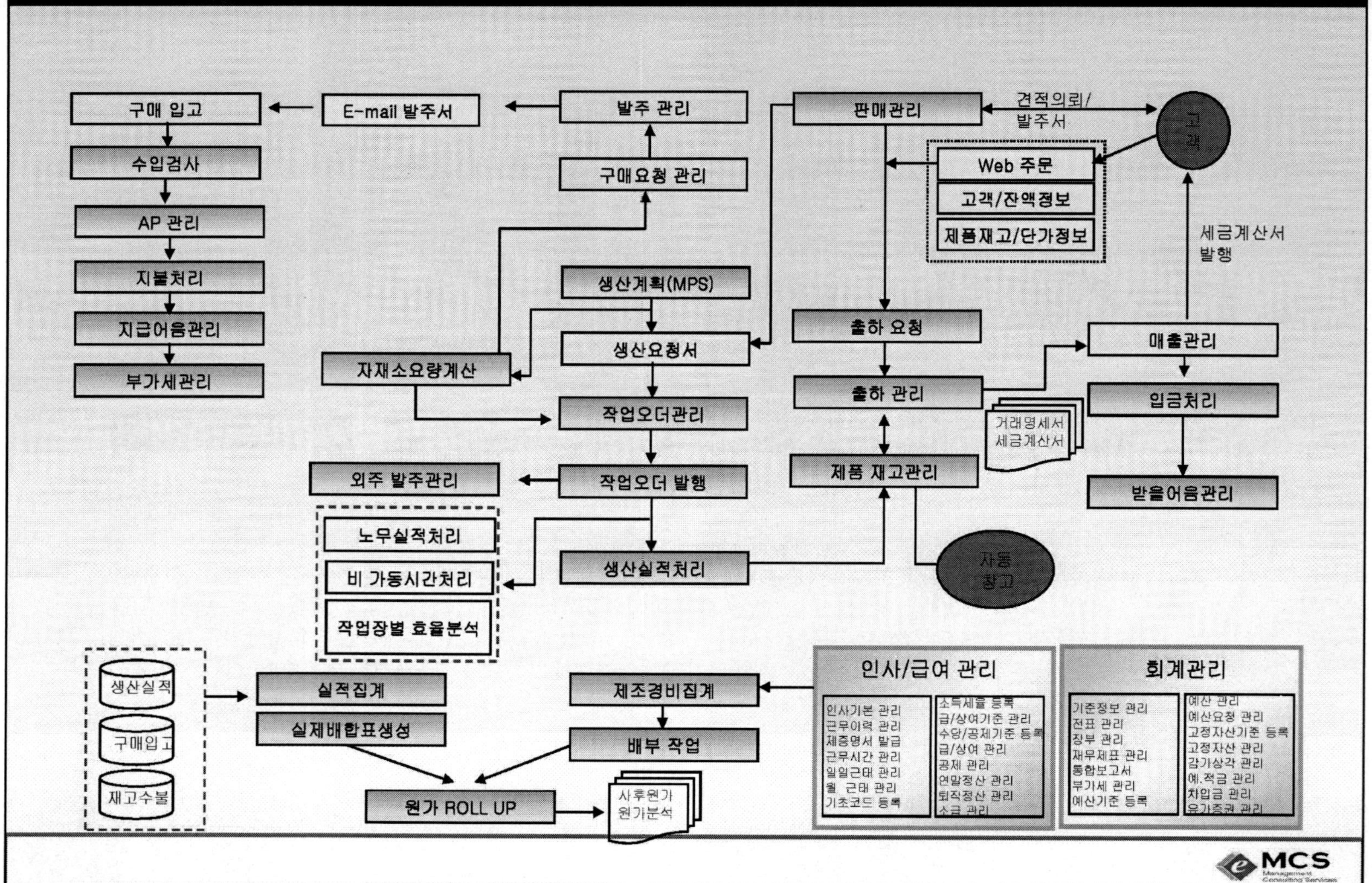

사업소개- eMCS ERP(구성도)

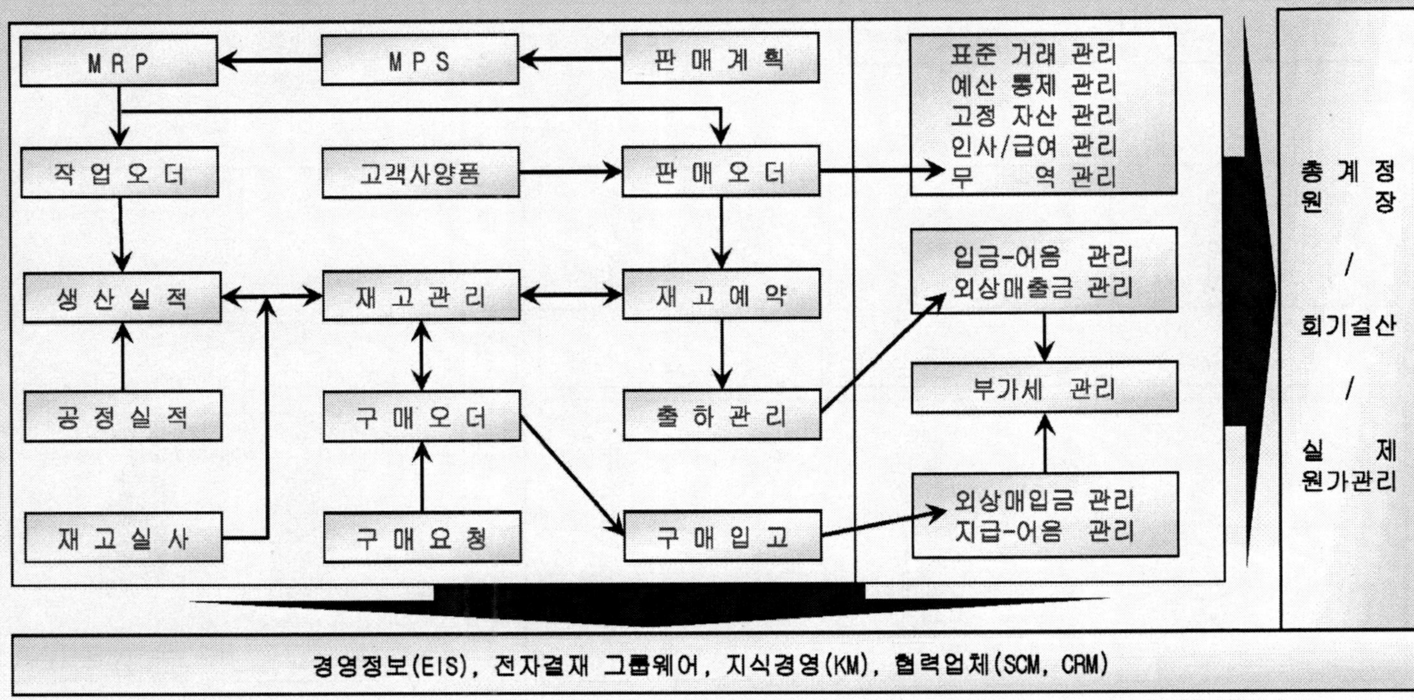

사업소개- eMCS ERP(H/W 및 N/T 구성도)

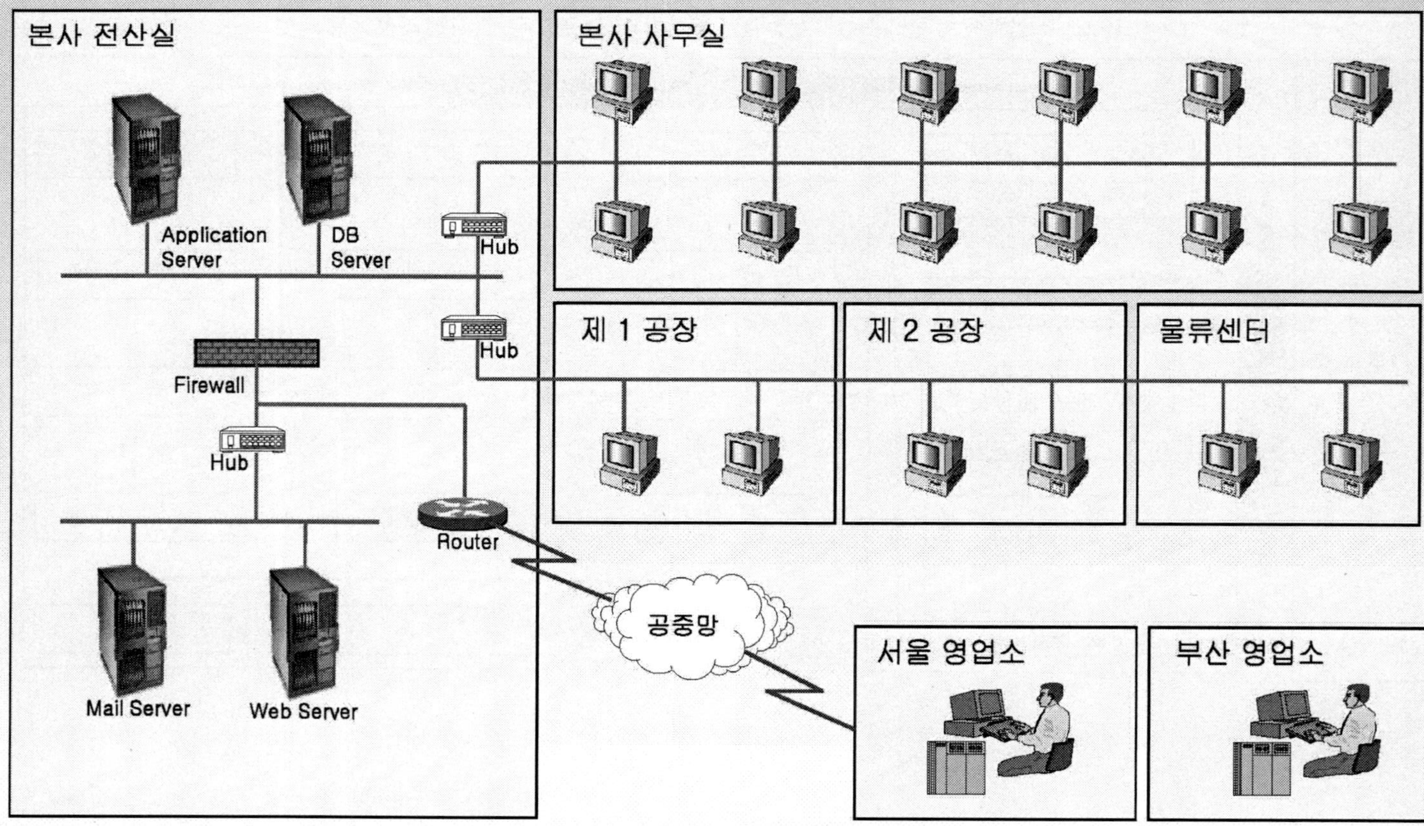

사업소개- eMCS ERP(Web ERP)

자체 기술력을 바탕으로 100% WEB ERP 솔루션

eMCS Web ERP 시스템의 특징

- **J2EE 기반으로 구현된 Web 솔루션으로 최적의 GUI 환경과 전사적 업무표준화 및 업무처리 생산성 향상**
- 웹상에서 ERP 운영 및 데이터 조회,입력
- 본사와 공장(해외)간의 인터넷을 통한 실시간 데이터 입력 및 조회
- 원격지에서 재고, 미수금, 영업 등 현황파악과 경영자가 인터넷을 통한 본사 및 공장(해외)의 경영정보수집
- C/S와 동일한 UI구성 및 단축키, 그룹별 메뉴구성, 다국어 도움말, 멀티화면, 세션유지, 탁월한보안성

eMCS Web ERP 시스템의 차별화된 기능

- 3rd Party Solution (Client에 별도의 Plug-In 프로그램이 Install 되지않음)
- 확장성이 뛰어난 ERP 패키지
- 그룹웨어, 전자게시판, 전자메일 시스템 제공
- 다국어 툴 지원 (영어, 중국어,일어)
- 다양한 고객욕구를 감안한 맞춤 서비스
- **Web 디자이너를 사용한 표준화된 프로그램 추가 개발 용이**
- 각종 조회 및 보고서 상에서 엑셀다운로드 기능

사업소개- eMCS ERP(주요 성공요소)

CSF에 따른 정보시스템구축방향

구분	CSF
성장 측면	원가/회계 프로세스 표준화와 시스템화
	ERP know-how의 구조적 활용
	㈜우태공업 내부 프로세스 최적화 시스템 구축
	Web ERP 인프라 구축
수익 측면	핵심기술에 대한 자체역량 강화
	Best Practice 따른 프로세스 정립
	Tight 한 관리 체제 확립
제도 측면	제도 개선 및 프로세스 정립

Groupware의 연계

통합정보시스템

- 경영 정보 시스템
- 판매/출하 시스템
- 인사/급여/무역 시스템
- 구매/자재/제조 시스템
- 관리 원가/회계 시스템

eMCS Management Consulting Services

eMCS 사업소개

SI 사업

사업소개- SI(특징)

•통신사업자/B2C업체 수요
마케팅강화 수단으로의 수요

•당사 특화솔루션
CTI/CRM과의 통합

•모든 미디어의 통합요구
e-biz의 핵심

•보유솔루션 최고
가격경쟁력 보유

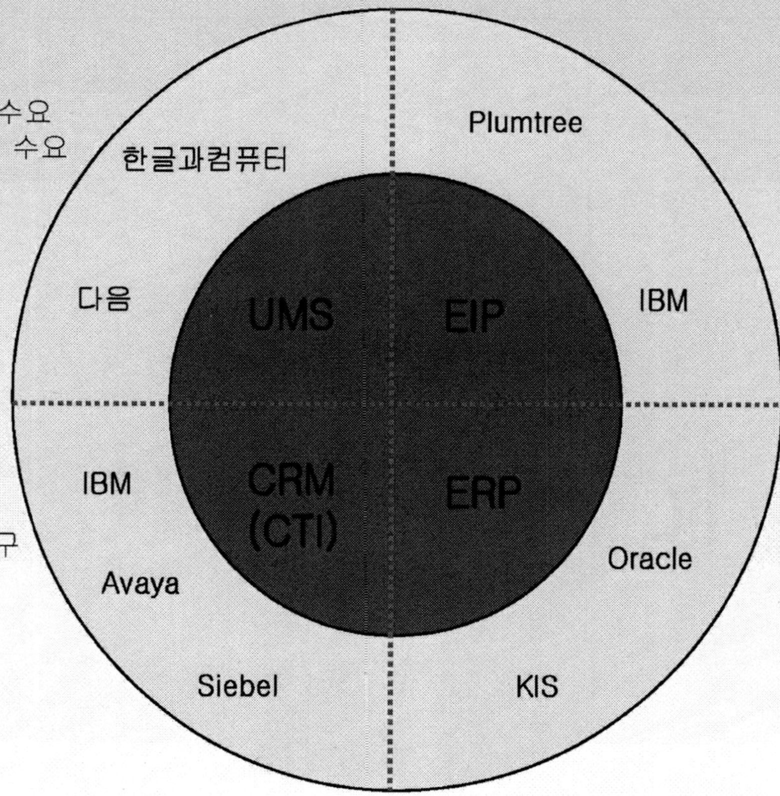

•e-biz 통합 업무환경
KM/CRM 지원요구

•보유솔루션 최고

•가격경쟁력 치열
중소시장의 확대

•Web-based 솔루션
변경/확장 용이

사업소개- **SI**(사업전개)

- 대형/중견 SI 업체
- Consulting 업체
- H/W Vender
- 국내 우수 솔루션 업체

- 해외 우수 솔루션 도입
- 해외 SI 사업 진출 (전략적 파트너 활용)

- 산업별 인맥활용
- 기존고객 활용
- 제휴업체 고객 활용

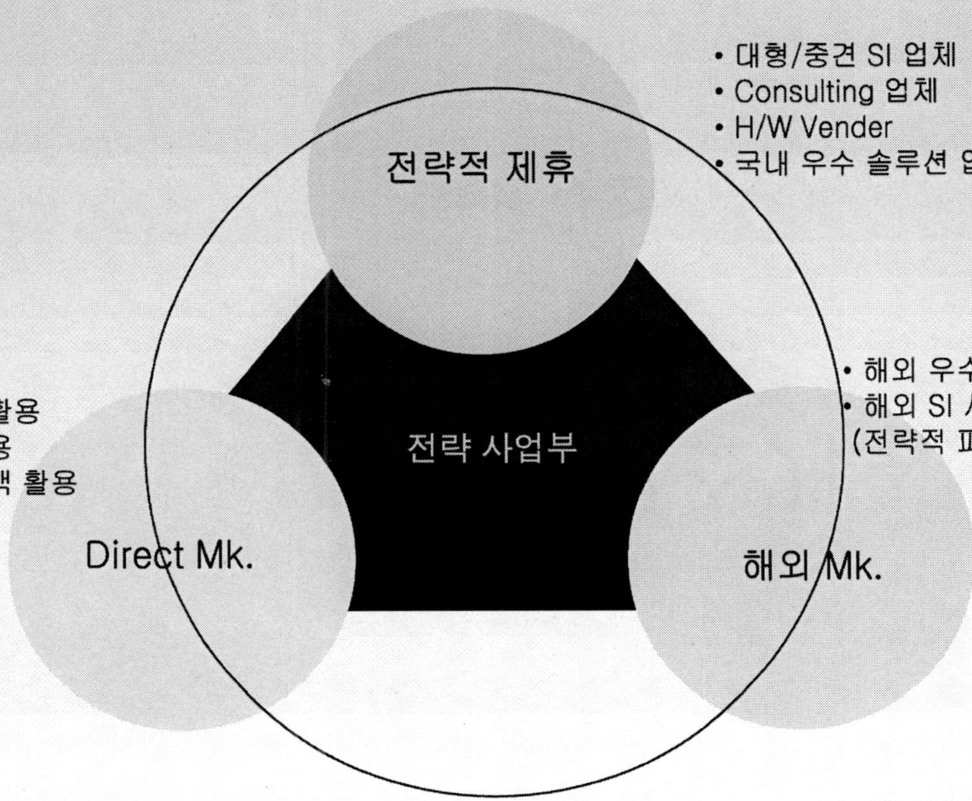

eMCS 사업소개

Golf 사업

사업소개- Golf(최적의 시스템 연관도)

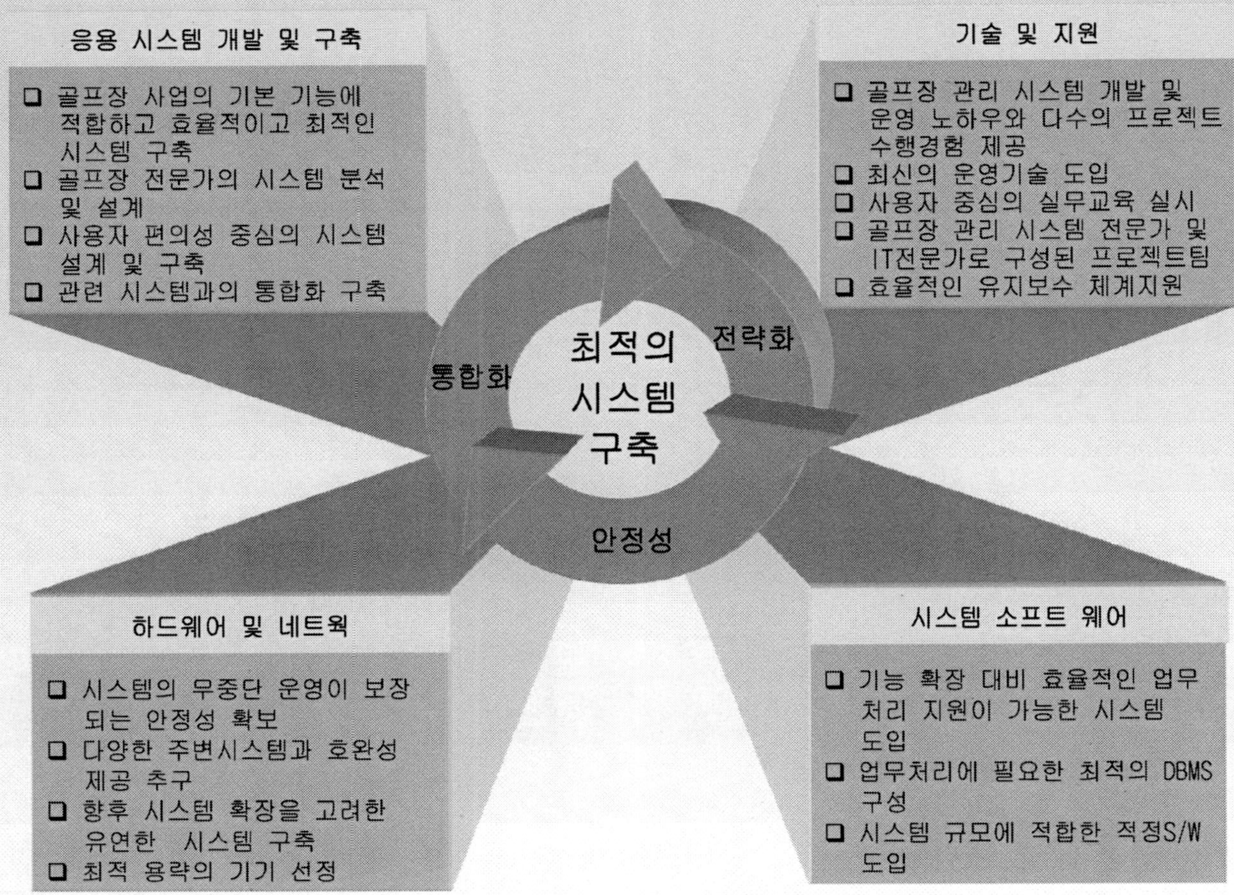

MCS Management Consulting Services

사업소개- Golf(통합시스템 구성도)

● 골프장 구성도

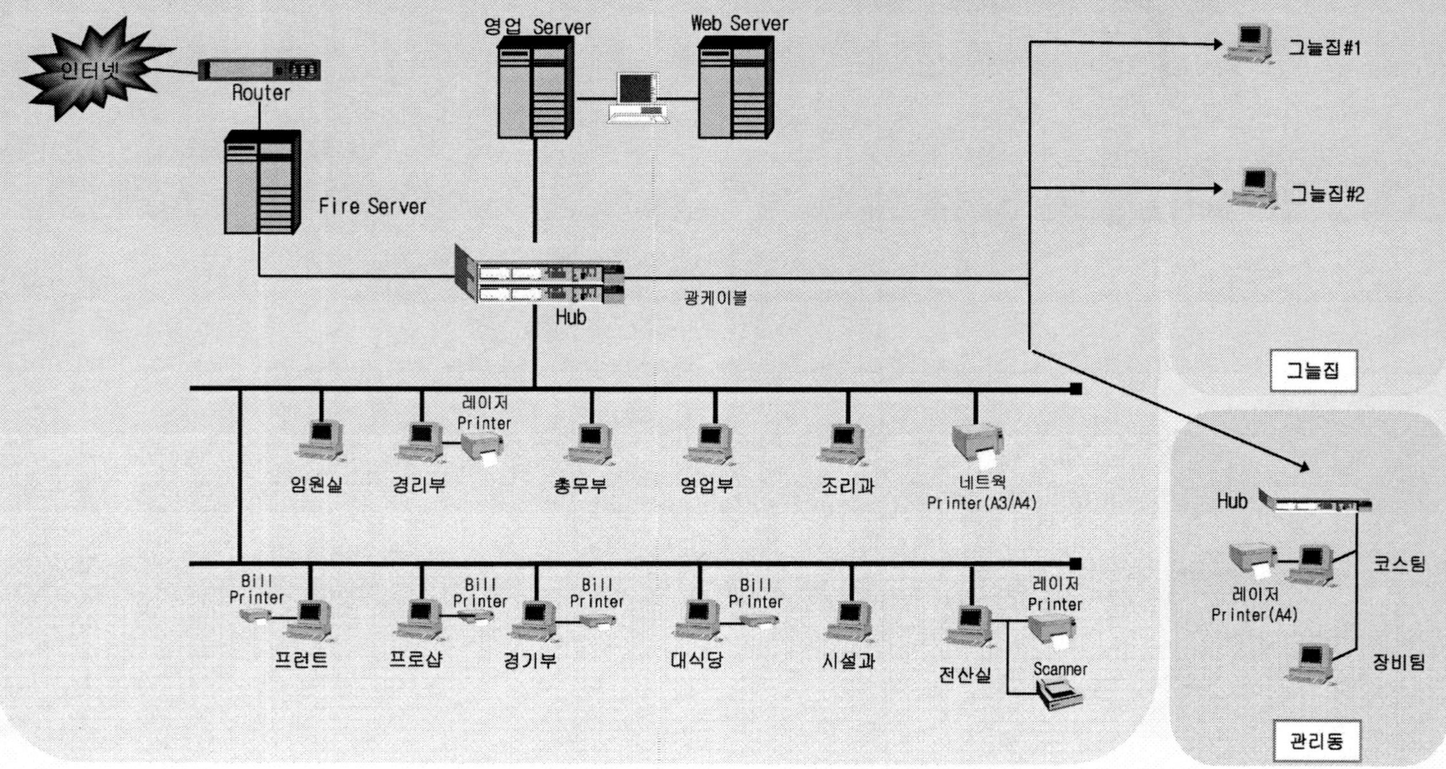

* PC대수는 변동가능

사업소개- **Golf(**Software 구성 방안**)**

- 최신 정보기술에 적극대응
- 확장성과 경제성 고려
- 사용자 이용 편리성

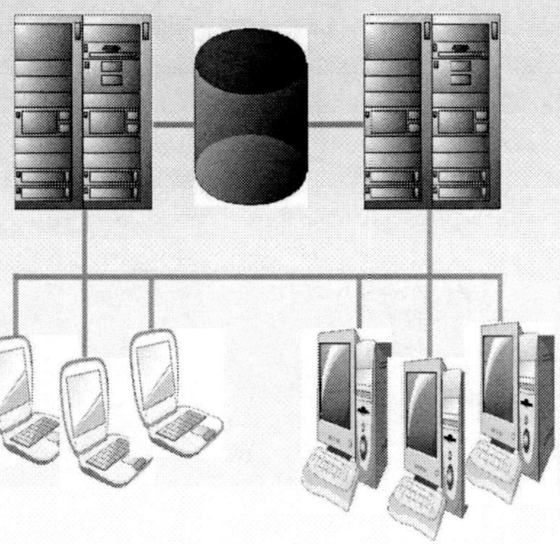

사용자 인터페이스
- 그래픽 사용자 인터페이스

C/S시스템
- 정보축적
- 정보분석

통신시스템
- 정보전달
- 분석정보 제공

C/S개발 환경
- 개발툴 : PowerBuilder

통신부문 환경
- 클럽하우스 LAN
- 인터넷 전용선

C/S 플랫폼
- Server : WIN 2000 SERVER
- Client : WindowsXp/2000

보안 플랫폼
- 보안 서버

데이터베이스
- RDBMS: Oracle

네트워크
- TCP/IP

하드웨어
- Client/Server

MCS Management Consulting Services

사업소개- Golf(자료보안 및 백업관리 시스템)

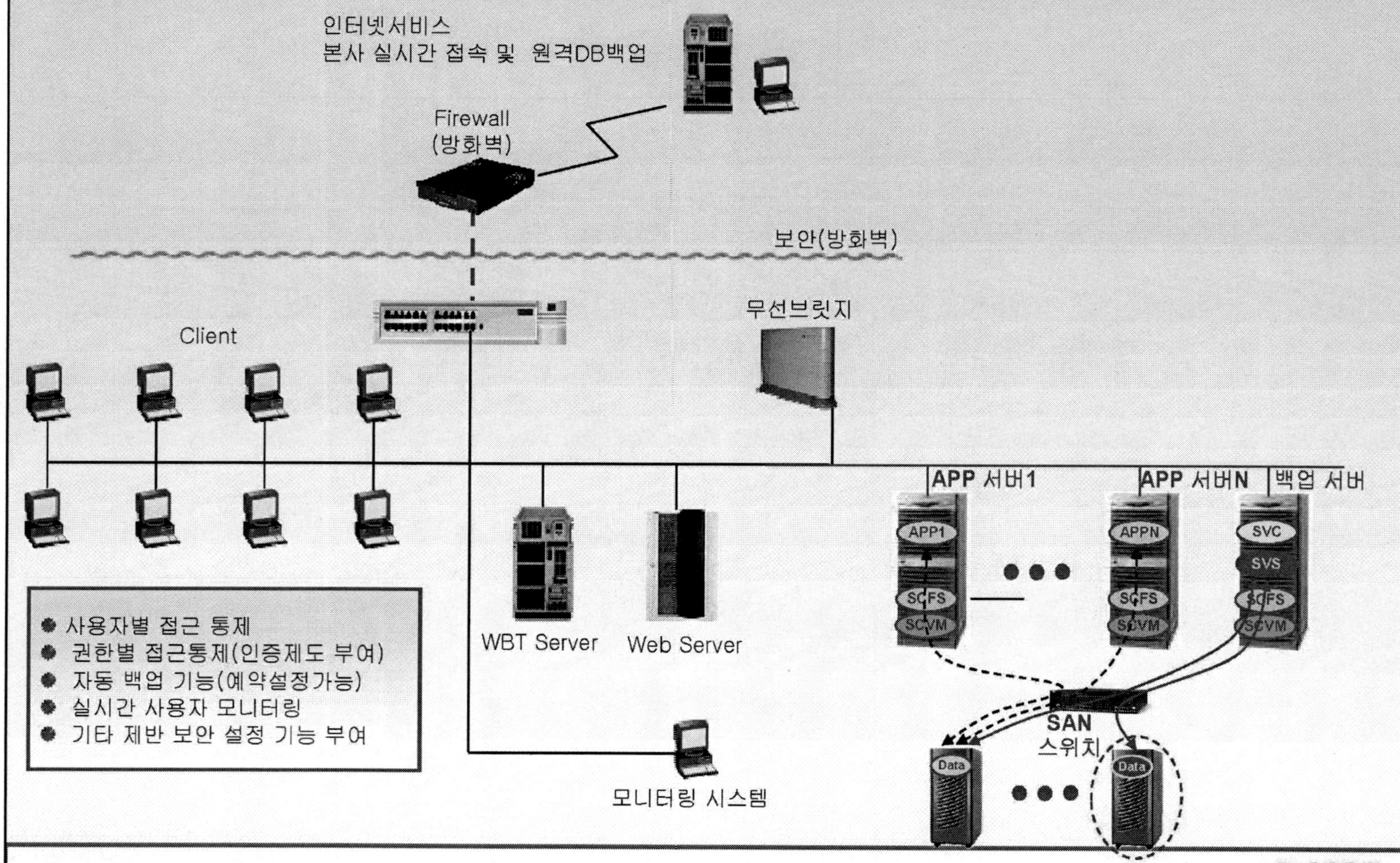

- 사용자별 접근 통제
- 권한별 접근통제(인증제도 부여)
- 자동 백업 기능(예약설정가능)
- 실시간 사용자 모니터링
- 기타 제반 보안 설정 기능 부여

사업소개- Golf(Course View)

Course View

- 코스 정보 내용

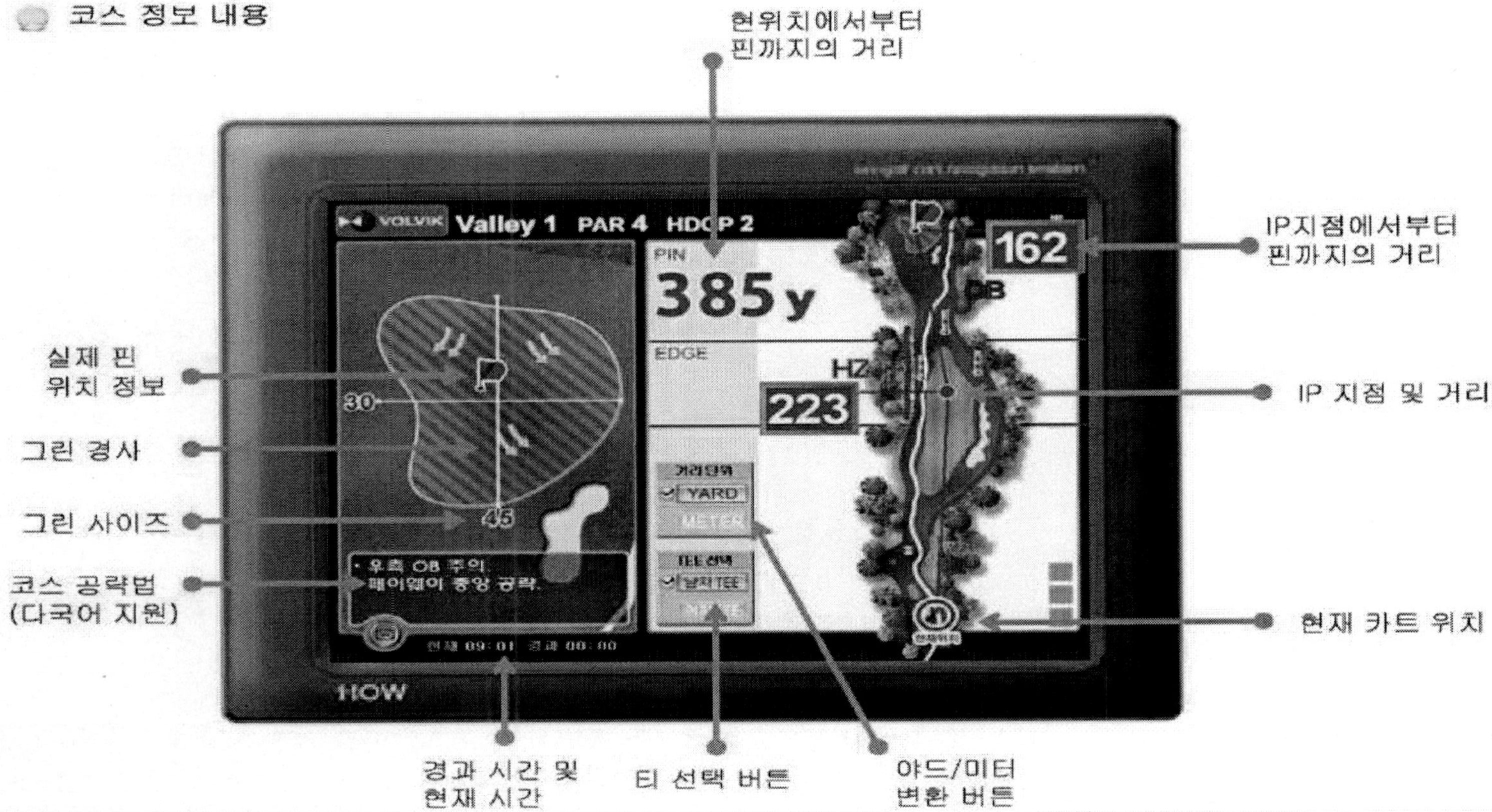

사업소개- Golf(Course View 개요)

Course View 개요

① 원활하고도 신속한 경기 진행을 위하여

- 클럽하우스의 PC에서 경기 진행 상태를 실시간으로 파악
- 클럽하우스와 카트간 양방향 메시징
- 카트에서 앞팀의 위치 보기 → 안전한 경기 진행
- 카트에서 다음 홀 진행 상태 보기

② 손님에게 정확한 코스 공략 정보 제공

- 코스 레이아웃, 핀 위치, 그린 경사
- IP까지, PIN까지, EDGE까지 등 거리 정보 (정확도 2m)
- 3타 이상 타수 절감

③ 원활한 진행, 안전한 골프, 즐거운 골프 !!!

명문 클럽의 수익과 서비스 향상에 기여

사업소개- Golf(Course View 개요)

Course View 개요

Course View
개요

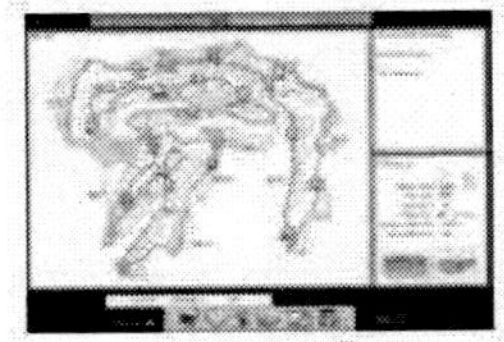
운영자 PC 화면

카트 단말기 화면

GPS, 통신, 전자지도
(시스템 요소 기술)

→

Course View
- 카트 위치 추적
- 양방향 메세징
- 코스 공략정보
- 앞카트 보기

→

Golf Club
- 원활한 진행
- 안전한 골프
- 즐거운 골프

→

사업소개- Golf(시스템 구성)

시 스 템 구 성

코스 내에는
경관을 해칠 수 있는
어떤 장치도
설치하지 않습니다.

Club House

- 운영자 PC SERVER
- Base Station (BS) - DGPS Reference Station
  - Wireless Data Modem

Cart

- On-Cart Unit (CU) - On-Cart Computer
  - GPS Receiver
  - Wireless Data Modem

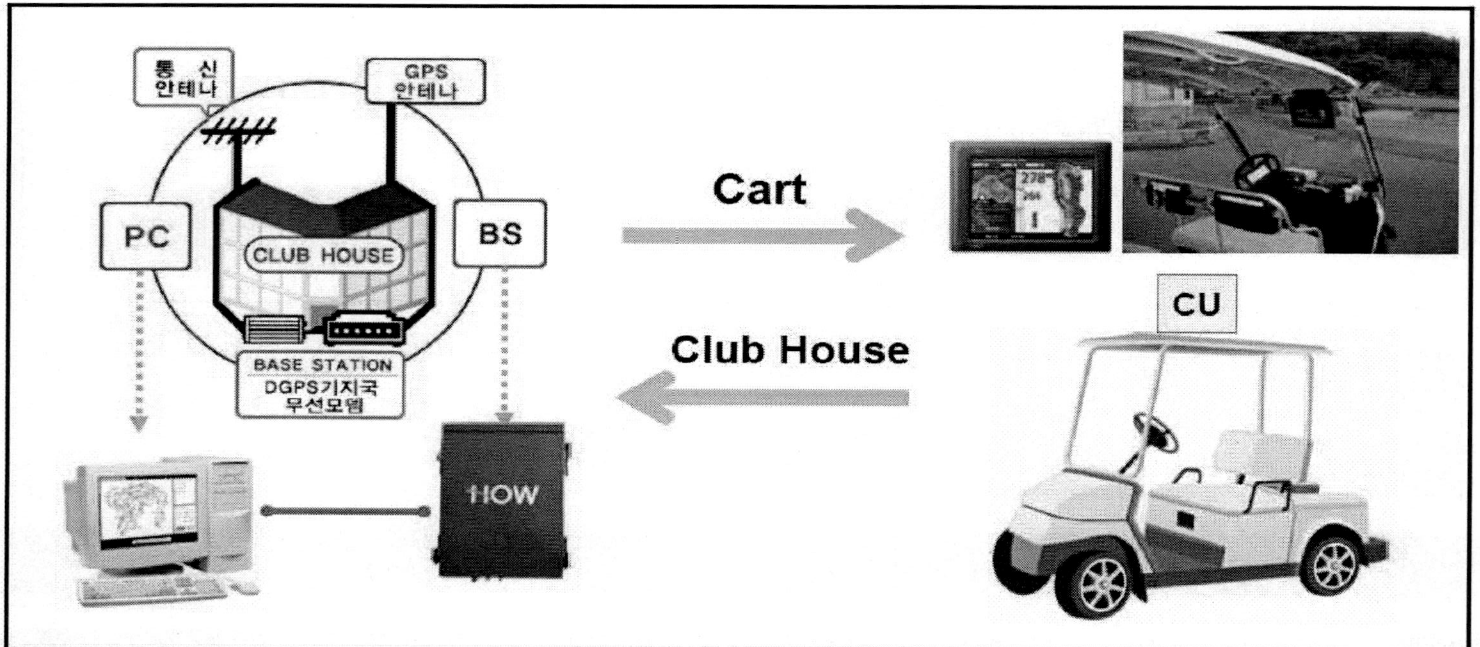

MCS Management Consulting Services

eMCS 사업소개

보안 사업

사업소개- 보안(화성 동탄지구 디지털도시 구축을 위한 보안시스템)

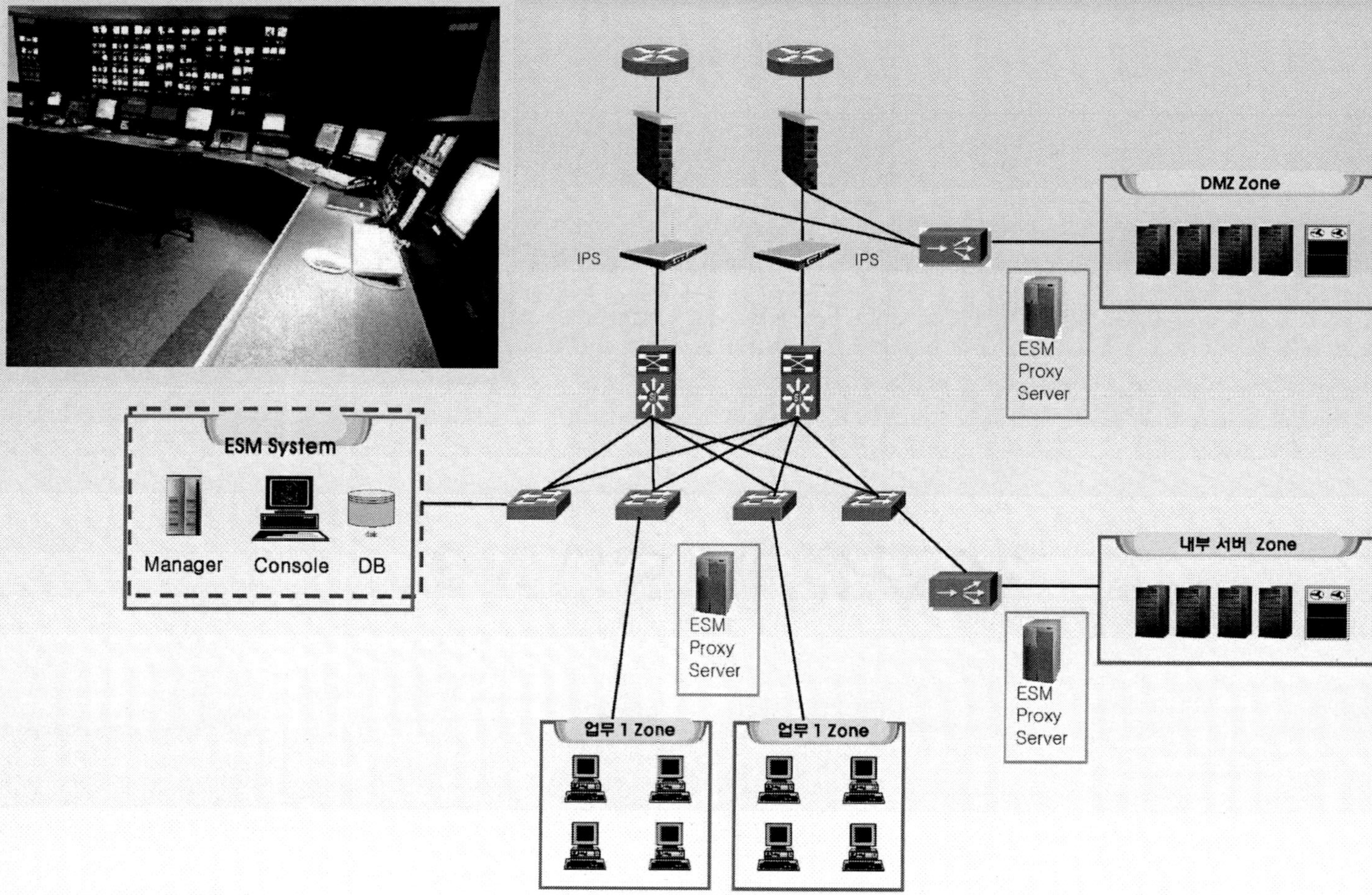

MCS Management Consulting Services

eMCS 영업계획

전년도 매출현황

매출 계획

영업진행 현황

영업전략

영업계획 – 전년도 매출현황

구분	내용	2006년도		
		계 획	매출실적	달성률
Consulting	컨설팅	600,000,000	553,562,030	
	Maintenance	250,000,000	193,963,552	
	Product	100,000,000	75,912,000	
	SubTotal	950,000,000	823,437,582	86.68%
Progress	Maintenance	33,185,000	145,806,448	
	Product	650,000	650,000	
	기술컨설팅		2,000,000	
	SubTotal	33,835,000	148,456,448	438.77%
	Total	983,835,000	971,894,030	98.79%

영업계획 –매출계획

구분	내용	전년대비 증감				Remarks
		전년도 매출	매출계획	증감	증감율	
컨설팅	Maintenance	339,770,000	201,200,000	-138,570,000	-68.87	기술지원 및 ERP Package 유지보수
	Product	75,912,000	128,000,000	52,088,000	40.69	ERP Package S/W
	Consulting	555,562,030	567,000,000	11,437,970	2.02	전년도보다 인원3명 축소(인원충원필요)
	H/W외 기타	–	90,000,000	90,000,000	100.00	ERP 고객의 H/W
	SubTotal	**971,244,030**	**986,200,000**	**14,955,970**	1.52	
SI	H/W	–	500,000,000	500,000,000	100.00	학교,골프장,대형,중견SI업체 전략적제휴
	S/W	–	300,000,000	300,000,000	100.00	골프장 S/W,보안 S/W,SAN 솔루션
	Consulting	–	250,000,000	250,000,000	100.00	Outsourciing 활용
	SubTotal	–	**1,050,000,000**	**1,050,000,000**	100.00	
Total		971,244,030	2,036,200,000	1,064,955,970	52.30	

* 중국 상주시 전자정부 관련 **100**억중/1차 **5**억

MCS Management Consulting Services

영업계획 –영업진행현황(컨설팅)

(단위 : 천원)

산업분야(국내/국외)		상호	담당자	Project Name	수주	기간	예상금액	Remarks
국내	제조	KAE	김춘만 과장	MA지원,User 추가	4월	1	65,000	개발지원및 User 추가
		평화산업	유형근 상무	ERP 컨설팅	7월	1	100,000	개선지원 MFG/PRO 계열사 유도
		풍정	임병문 팀장	ERP 진단	3월	2	35,000	진단후 지원
		MKE	정찬기 과장	EIS 구축	9월	2	40,000	간이 EIS(Tool사용)-예산배정
		AES	남기주 위원	현대계열사,협력사 컨설팅	5월	6	200,000	계열사 또는 협력사 협력영업진행
		네오스틸	우정식 과장	MFG/PRO 컨설팅-중국	4월	5	210,000	ERP 제안진행중-중국
		KAE 관계사	김춘만과장	MFG/PRO 컨설팅	7월	5	199,000	KAE 사용에 따라 진행추진
		INERGY	곽대호 팀장	MFG/PRO 컨설팅			-	교육및컨설팅
		베루코리아	박경수 사장	ERP 컨설팅	12월	5	199,000	최고경영진과 인맥 영업중
		용마특수강		ERP 컨설팅	9월	3	125,000	최고경영진과 인맥 영업중
		보림	장이표 과장	MFG/PRO 컨설팅			-	2007년도 상반기 재검토예정
		Lear 신규공장	이인제이사	MFG/PRO 컨설팅			-	인수진행중(인수결정후 진행예정)
		엘오티베큠	이규한이사	MFG/PRO 컨설팅				2/4분기 검토예정(Demo필요)
		두올	이영호 부장	MFG/PRO 컨설팅			-	AES와 공동영업 2007년도 상반기
Total							1,173,000	

영업계획 –영업진행현황(SI)

산업분야 (국내/국외)		상호 / 관계자	수 주	비고 (기간 : 2007년 6월 1일 ~ 2007년 5월 31일)
국내	제조	㈜ 쉘주얼리/ 정봉현사장	영업진행중	악세사리제조 ERP : 10억원.(한/영/중국간체)
		㈜코리아 써키트 /김욱 전산팀장	영업진행중	ERP : 2.5억원
		㈜ 한일정보통신 , 한일시멘트 그룹 / 김경률 이사		SANique Vault, CVM
		㈜ 세아정보, 세아제강그룹 / 백시열 사장		SANique Vault, CVM
		일진그룹 , 동국전산 / 이상노 사장		SANique Vault, CVM
		SKC&C / 조영호 부사장		SANique Vault, CVM
		텔론정보통신	영업진행중	ERP : 3억
		중외제약 SI	영업진행중	H/W : 5억원, SANique : 1.5억원
		쌍용정보통신 / 장정호 이사		SI프로젝트 및 SANique
		포스데이터, 아토스 / 정효남 사장	영업진행중	SANique Vault, CVM
	금융	외환은행/ 최인범 차장	영업진행중	SI, 보안솔류션, SANique : 6억원
		신영증권/ 임종승상무	영업진행중	SI. 보안솔류션, SANique : 6억원
		골든브릿지 투자/ 강성두 사장	영업진행중	SI. ERP(금융): 3억원
	서비스	문경레저타운 /신수경 팀장	영업진행중	골프장ERP : 3억5천만원. Course View : 2억8천만원
		예천 골프장/ 권기창이사, 임기주 사장	영업진행중	골프장 ERP : 3억5천만원. Course View : 2억8천만원. 교환기 및 Lan 설치건 : 3억5천만원
	대학	안동대학교. 안동과학대학.경도대학 외 6개 국립대학교/ 전산실장	영업진행중	SI :8억원
		숭실대학교 / 정기원 교수		SANique CFS, CVM
	공공	KT네트웍스 / 경광수 본부장	영업진행중	SI프로젝트 및 보안:14억 원, SANique VAULT, CVM
		국방연구소 / 해군 김동엽 대령		SANique Vault, CVM
	건설	선진건설,선진조경		ERP : 3억원
	병원	백병원/ 김경옥 이사		SI 컨설팅, SANique Vault, CVM
국외	중국	중국 프로젝트	영업진행중	SI 컨설팅, SANique , CVM : 4억원

MCS Management Consulting Services

영업계획 –영업전략

- 협력 중심 영업 채널 양성
- 대형 SI 업체와 유대 관계 구축
- 경쟁 솔루션과의 차별화
- Target 마케팅
- 대형 고객 사이트 집중 공략
- 해외 시장 개척(일본, 미국, 동남아, 중국)
- SI 아웃소싱
- 공공부문 영업 주력
- 서비스 차별화

영업계획 –영업전략(아웃소싱을 통한 매출액 증가)

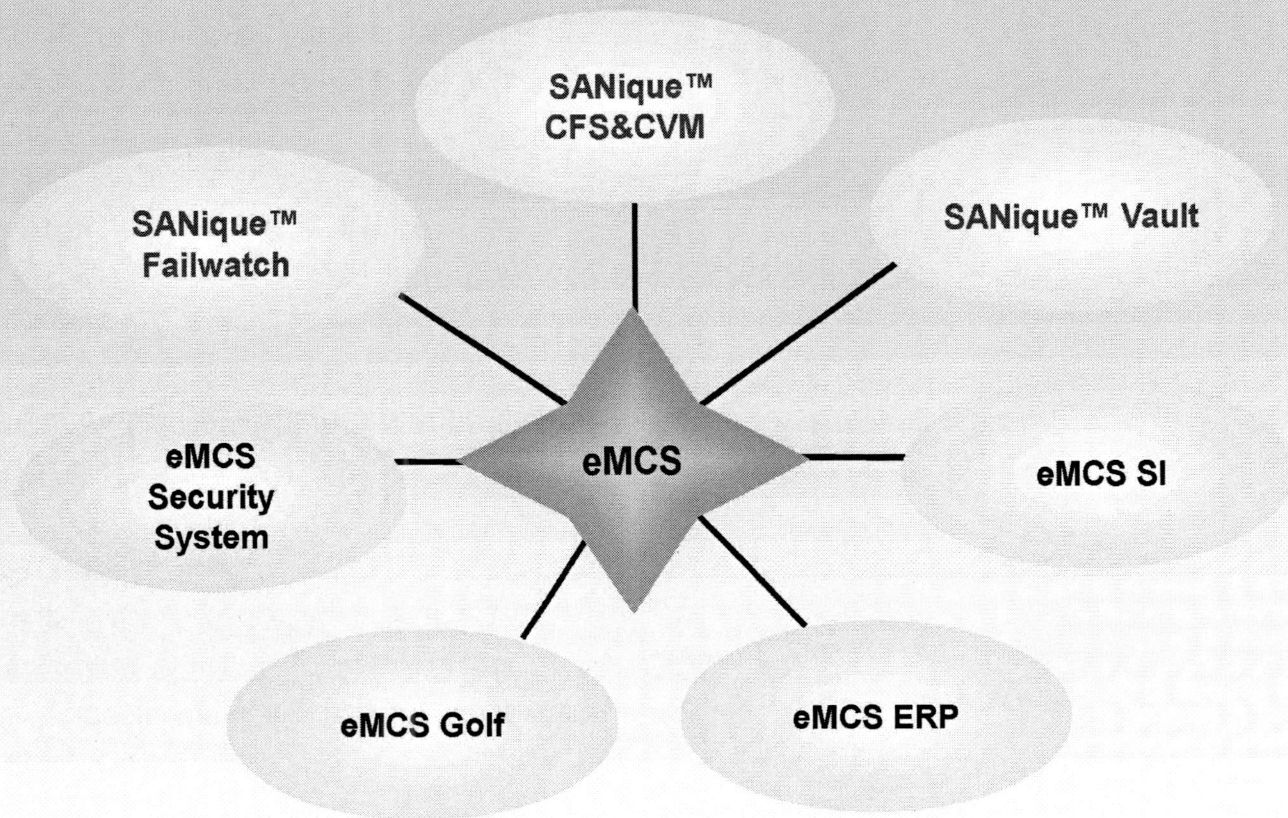

영업계획 –영업전략(해외영업을 통한 매출액 증가)

- 중국 진출 **keys:**
  → Special service & continual innovation
- 한국 기업 해외진출 업체를 중심으로 마케팅 진행
- 제품 홍보(매스컴, 전시회, 광고 등)
- 컨설팅자료 확보
-
- 네트워크

→ Computer Network Information Center
→ 과학문헌 도서관 / 장쇼린 소장
→ 상주시 종로경제개발구/ 종건당 당서기 : 당사와 M.O.U 체결예정
상주시 전산 관련 회사에 당사 제품 수입 유도(100억원정도)
→ 산동 Net.com 납품업체(T&P) Cowork
→ 대련 경제 개발구 / 엄호 부장
→ 재난경제 개발구/청도
→ 북경, 상해 Distributor와의 Cowork
→ 염성시 사양현 경제개발구/ 객강성 현장
→ 일본 아지아세㈜/ 김일남 이사
→ Copartner Inc. / 이명길 사장

MCS Management Consulting Services

영업계획 –영업전략(Pre-Marketing)

1. 해외 지역별 경쟁사 파악
2. 컨설팅 기관 및 사이트를 통한 자료 확보
3. 시장 세분화
4. 타겟 시장 설정
5. 포지셔닝

- 1단계 → 간접투자
- 2단계→ 직접투자

eMCS 재무계획

전년도 현황

추정 현황

재무계획 – 전년도현황

재무계획 – 추정현황

최적의 기업환경을 위한
Solution을 제공합니다.

감사합니다!

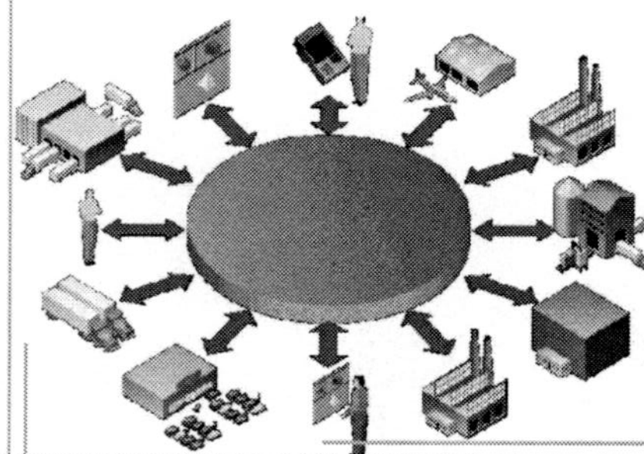

회 사 소 개 서

2009. 5.

(주) 아이비 리더스
Inno Biz Leaders Co., Ltd.

목 차

1. 회사 개요
2. 회사 연혁
3. 조직도
4. 인원 현황
5. 사업 분야
6. 주요 솔루션 소개
7. 주요 사업 실적
8. 납품 실적
9. 약도

1. 회사개요

- 회 사 명 : 주식회사 아이비리더스
- 대표이사 : 정 광 천
- 설 립 일 : 2003. 5. 1
- 자 본 금 : 2 억 원
- 인 원 : 25 명
- 업 종 : 소프트웨어 개발 및 자문 서비스
- 주 소 : 서울시 구로구 구로동 182-13
- 대륭포스트타워2차 909호
- 전 화 : 02) 2082-0360
- 팩 스 : 02) 2082-0399
- U R L : WWW.ibleaders.co.kr

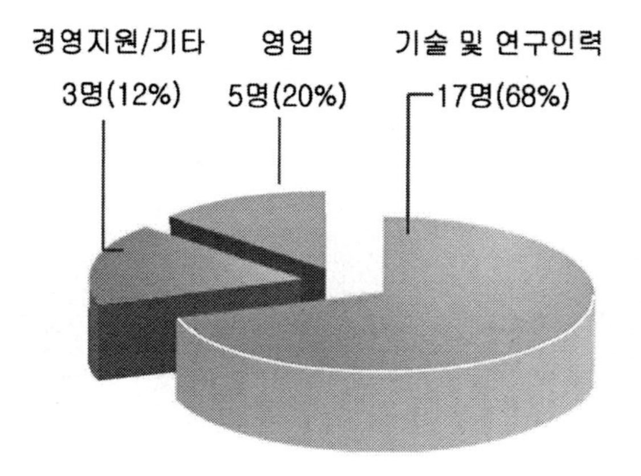

<인력 구성>

2. 회사 연혁

2003 년 5 월	주식회사 아이비리더스 설립
2003 년 6 월	Web Development Component IB Sheet 1.0 출시
2003 년 7 월	웹 통합 컴포넌트 솔루션 IB Sheet Pro 1.0 출시
2003 년 10 월	Web Presentation Component IB Chart 1.0 출시
2004 년 2 월	IB Wizard Web Source Generator 1.0 출시
2004 년 9 월	GIS 솔루션 GEO-Gen 1.0 출시
2005 년 3 월	삼성SDS IB Sheet 번들 공급계약 체결
2005 년 10 월	항공교통관제소 국가공역종합관리시스템 납품 및 개발
2005 년 12 월	Web 조직 시뮬레이션 솔루션 IB Org 1.0 출시
2006 년 1 월	(주)아이비리더스 기술연구소 설립
2006 년 6 월	벤처기업 인증
2007 년 1 월	이노비즈기업 인증
2007 년 7 월	중소기업청 기술혁신과제 협약체결
2008 년 1 월	IB Sheet Pro GS인증 획득
2008 년 2 월	IB Org GS인증 획득
2008 년 6 월	머니투데이 상반기 히트상품 선정 (기업솔루션부문)
2008 년 12 월	대한민국 소프트웨어공모대전 수상 (지식경제부)

3. 조직도

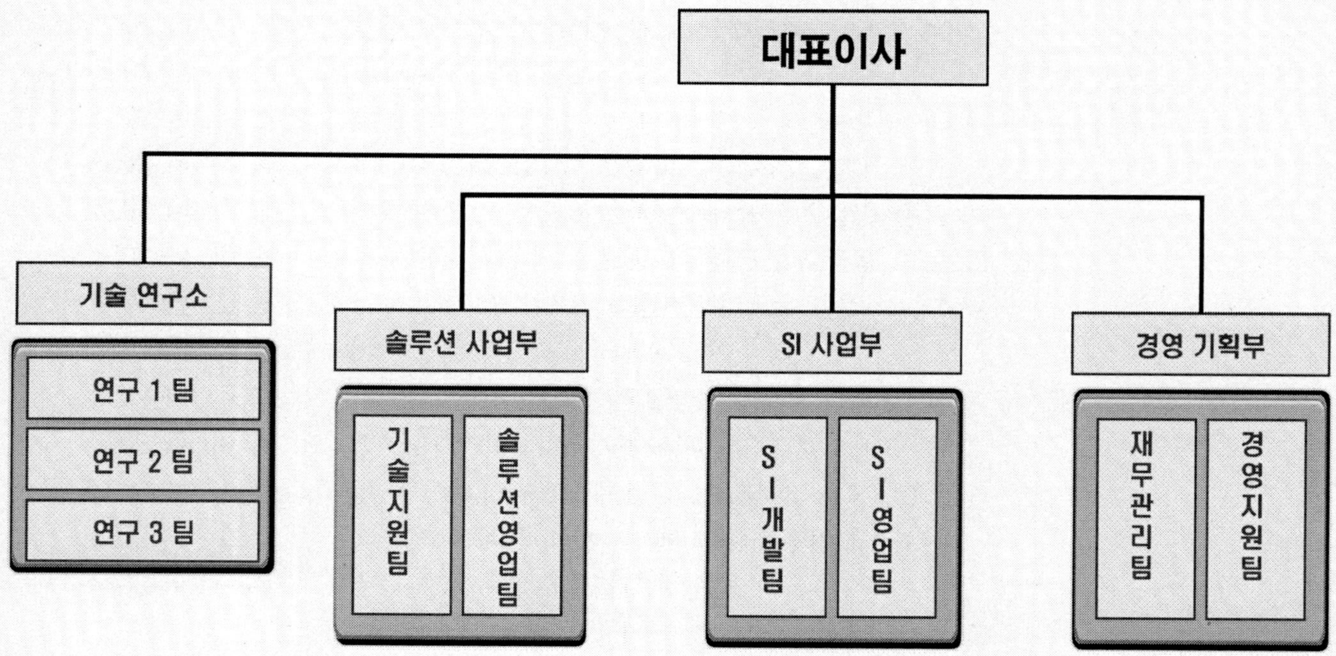

(주)아이비리더스
Inno Biz Leaders Co., Ltd.

4. 인원현황

구 분	Business Analyst	System Analyst	Developer	Sales Support	Sales Represent.	Admin.	계
10년 이상	1	0	0	0	1	1	3
10년 미만	0	1	2	2	1	0	6
7년 미만	1	1	4	2	2	1	11
3년 미만	0	0	2	1	1	1	5
계	2	2	8	5	5	3	25

5. 사업분야

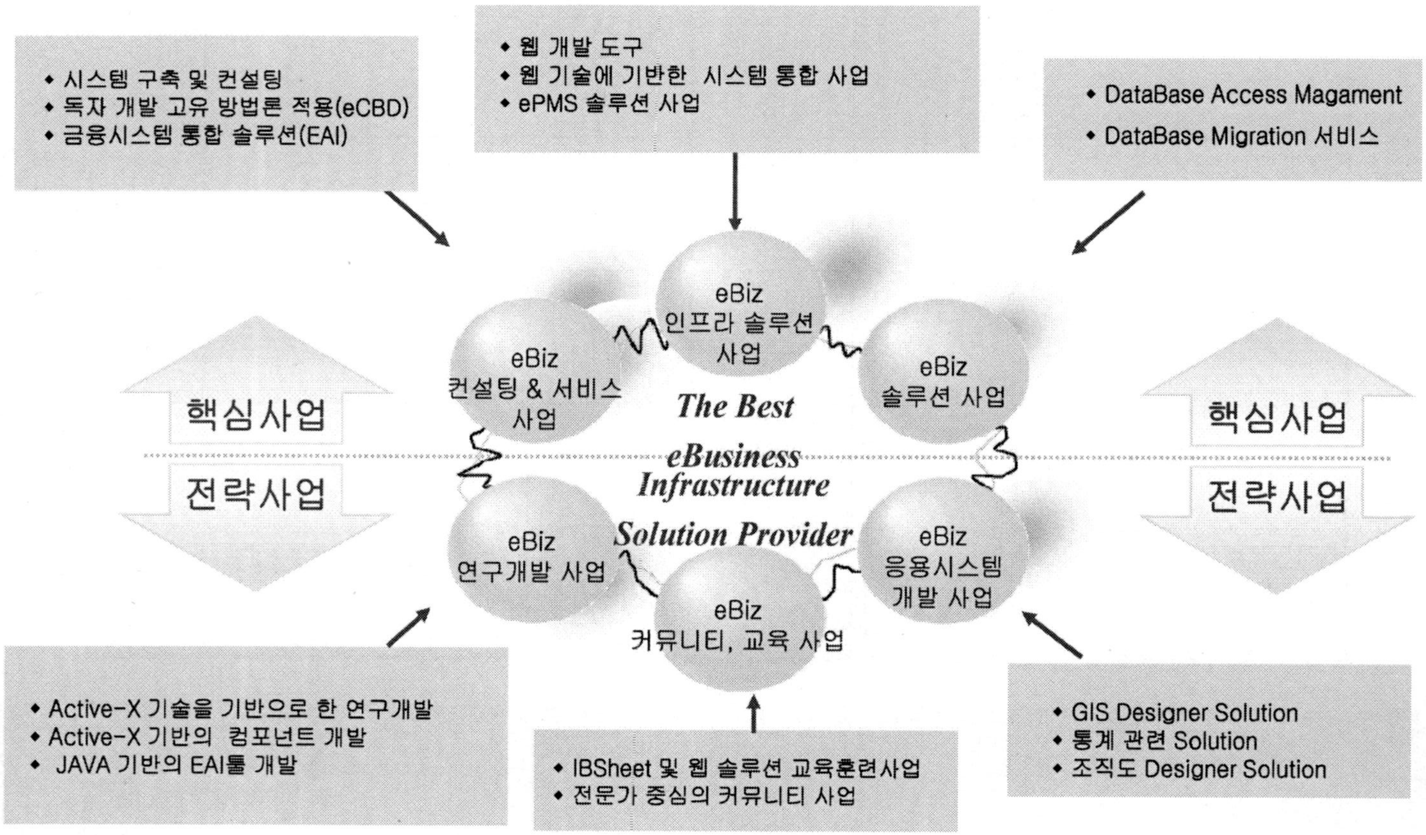

(주)아이비리더스
Inno Biz Leaders Co., Ltd.

6. 주요 솔루션 소개

➢ IB Sheet Pro 란

- 웹에서 업무용 어플리케이션을 개발시 사용되는 Component
- HTML의 Sheet/Chart/Report Interface 문제점을 해결한 Web Presentation Component
- 조회와 트랜잭션 기능을 기반으로 다양한 데이터 가공 환경을 제공하는 Sheet Component
- 개발 생산성을 대폭 향상시킬 수 있는 개발 방안과 환경을 제공하는 Sheet Component
- 온라인으로 다양한 형태의 I/F로 사용자의 데이터 분석 능력을 향상하는 Chart Component
- C/S 환경에서 제공한 인터페이스와 유사하게 웹 화면으로 구성할 수 있는 Sheet/Chart Component
- XML 을 통한 데이터 통신 방식으로 사용하는 Sheet/Chart Component
- Excel등과 같은 윈도우 프로그램과의 연동을 통한 편리한 업무 환경 제공
- 여타 컴포넌트와 이벤트 처리 기능 등을 이용하여 편하게 연동 기능을 제공하는 Component

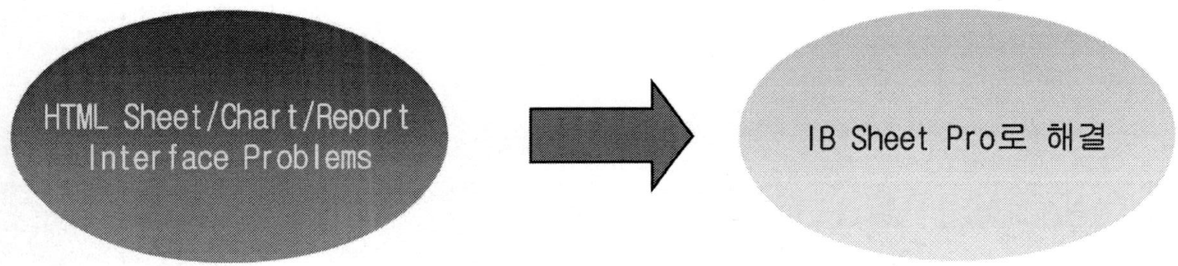

(주)아이비리더스
Inno Biz Leaders Co., Ltd.

6. 주요 솔루션 소개

➢ IB Sheet Pro 구성

• IB Wizard

IB Sheet와 IB Chart 그리고 FreeForm형태의 화면 개발 도구 웹 어플리케이션을 IB Sheet와 IB Chart로 개발할 수 있게 하는 개발 도구 개발자에게 Sheet와 Chart를 위한 다양한 Attribute Editor 제공

IB Sheet Pro (Active-X)

• IB Sheet

실행시 사용되는 컴포넌트 데이터 조회와 트랜잭션을 기본 기능으로 제공 다양한 데이터 가공 기능과 주변 프로그램 연동 기능 제공 대량 데이터 처리/가공/연동에 적합한 기능 제공

• IB Chart

실행시 사용되는 컴포넌트 데이터를 이용하여 다양한 형태의 차트나 그래프를 그리는 기능 제공 개별 데이터를 이용한 차트 기능 제공 Sheet와 연동하여 동적으로 차트의 형태를 변동하는 기능을 제공

• IB Control-X

C/S 상에서 사용된는 파일첨부, 콤보,텍스트박스,트리등을 표현하는 다양한 기능을 제공

(주)아이비리더스
Inno Biz Leaders Co., Ltd.

7. 주요 사업실적(SI)

프로젝트 명	고 객 사	개 발 기 간
원전 주변 일반자료관리 시스템	한전 전력연구원	
ACC 국가종합 공역관리 시스템	항공교통관제소	2004.9.1 ~ 2005.11
비행 운항정보 시스템	서울지방 항공청	2004.08 ~ 2004.12
SFA (Sales Force Automation) 시스템	굿모닝신한증권	2004.06 ~ 2004.08
남북 경협시스템	수출입은행	2004.02 ~ 2004.06
차세대 시스템 유지보수	수출입은행	2004.01 ~ 2004.12
재정통계 DB 관리,운영 기능 개발	기획예산처	2004.02 ~ 2004.4
자산관리시스템 (전력산업기반기금 운용을 위한)	한국전력	2003.10 ~ 2004.02
내부통제관리시스템(다이아몬드)	산업은행	2003.11 ~ 2004.04
운항 및 비행정보 구축사업	서울지방항공청	2003.12 ~ 2004.12
KT Opera 시스템 고도화	KT	2003.08 ~ 2003.12
사업체 모집단 DB 시스템	통계청	2003.03 ~ 2003.12

8. 주요 납품실적

프로젝트 명	고 객 사	제품
WTS, 대량 매매체결 시스템	한국증권전산	IB Sheet
내부통제관리 시스템	한국산업은행	IB Sheet
HRM 시스템	기업은행	IB Sheet
차세대시스템	수출입은행	IB Sheet
차세대시스템	신용보증기금	IB Sheet Pro
HRM시스템	BC Card	IB Sheet Pro
한국전력 자산관리 시스템	모닝스타코리아	IB Sheet Pro
HRM 시스템, 자원관리시스템	만도	IB Sheet
HRM 시스템	자원재생공사	IB Sheet
BSC 시스템	환경부	IB Sheet Pro
HRM 시스템	KTF	IB Sheet
BSC 시스템	과기부	IB Sheet Pro
학사 행정 관리 시스템	대림 대학	IB Sheet Pro

8. 주요 납품실적

프로젝트 명	고 객 사	제품
폐기물 관리 시스템	자원재생공사	IB Sheet Pro
HRM 시스템	아주산업	IB Sheet Pro
HRM 시스템	대우건설	IB Sheet Pro
63 시티 WAPS 시스템	63시티	IB Sheet
ACC 국가종합 공역관리 시스템	항공교통관제소	IB Sheet, GEO-Gen 2.0
두산 HRM	두산정보통신	IB Sheet
두산 중공업 HRM	두산중공업	IB Sheet
통합 관리 시스템	한국전기안전공사	IB Sheet
원전 주변 일반자료관리 시스템	한전전력연구원	IB Sheet, GEO-Gen 2.0
국군통신사령부	국통사	IB Sheet
KTF SAS Portal 시스템	KTF	IB Sheet Pro
이수정보통신 ERP 시스템	이수정보통신	IB Sheet
신한생명 보상,평가 프로젝트	㈜엔다인	IB Sheet Pro
SDS PDSS	SDS	IB Sheet Pro
Bccard.com 시스템	비씨카드	IB Sheet Pro

9. 약도

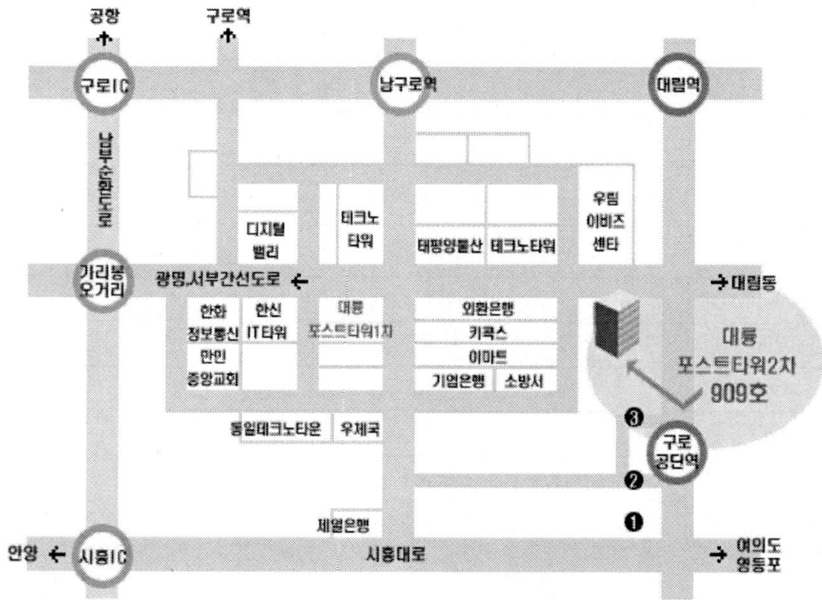

Address
서울특별시 구로구 구로동 182-13
대륭포스트타워 2차 909호

Tel : 02 - 2082-0360 (대표)
02 - 2082-0366 (기술지원)
Fax : 02 - 2082-0399

참 고 문 헌

1. Web 3D.CO.KR

   [http://www.web3d.co.kr/vrml/main.html]

2. VRML 2.0 EAI FAQ

   [http://members.nbci.com/muratak/eaifaq.htm]

3. Texture Mapping in VRML

   [http://www.ballreich.net/vrml/texture/texture.html]

4. Texture Mapping in VRML

   [http://www.ballreich.net/vrml/texture/vrml-2.html]

5. Java and VRML

   [http://pent224.infosys.tuwien.ac.at/~riva/Docs/Report1/Report1.html]

6. EAI

   [http://www.web3d.co.kr/vrml/eai/main.html]

7. VRML Tutorials

   [http://www.3dlinks.com/tutorials_vrml.cfm]

8. 3DSite: VRML

   [http://www.3dsite.com/n/sites/3dsite/cgi/VRML-index.html]

9. Proposal for a VRML 2.0 Informative Annex

   [http://www.vrml.org/WorkingGroups/vrml-eai/ExternalInterface.html]

10. 3D Studio MAX와 VRML

    [http://myhome.shinbiro.com/~af200xl/vrml/vrmlmax.htm]

11. 밀려오는 전자상거래 세상, 김형주 저

12. 다중사용자용 VRML시스템의 구조, '97한국감성광학회, 연차학술대회논문집.

13. 웹을 이용한 원격강의 시스템의 구현, -한국정보처리학회 멀티미디어시스템연구회, 전자상거래 분야에는 총 62개의 자료가 등록되어 있습니다.

14. Risk E-Business: Seizing the Opportunity of Global E-Readiness(html판)

15. WITSA(www.witsa.org)McConnell(www.mcconnellinternational.com)의 공동전자

상거래보고서(2000.8.)

16. 국내 전자상거래 수입 건수 한국인터넷정보센터(krnic)(2000.7.14)
17. 전자상거래 통계조사 결과(2000년 4, 5, 6월 사이버쇼핑몰조사), 통계청 서비스업 통계과(2000.8)
18. 전자상거래의 비즈니스 모델과 미국의 EC동향(2000.5.), 양유석(삼성경제연구소/외부전문가기고)
19. 'e-비즈니스와 e-서비스전망 및 국가전략세미나' 발표자료 (2000. 5. 3) 정보통신부 주최
20. 기업의 전자상거래 대응방안(김희집 상무/앤더슨컨설팅), 기업의 전자상거래 대응방안(김희집 상무/앤더슨컨설팅) 2000. 2.17
21. 전자상거래 활성화 종합대책 보고자료 全文(2000. 2.16), 전자상거래 활성화 종합대책 보고자료 全文(2000. 2.16)
22. 전자상거래 활성화 종합대책 대통령 보고자료(2000.2.16), 전자상거래 활성화 종합대책 대통령 보고자료(2000.2.16)
23. 21세기 전자상거래시대와 정부의 나아갈 방향 전경련, 산업자원부, 맥킨지사가 1/27 공동개최한 [전자상거래 포럼]에서 발표
24. 전자상거래 이용시 발생되는 소비자 피해유형 소비자보호원 조사 결과(2000.1)
25. 전자상거래시대의 물류유통 통합정보화 대응전략 세미나 한국정보산업연합회,98.10
26. 뉴밀레니엄시대 EC산업의 새로운 흐름과 업종별 대책 (커머스넷주관 EC포럼 요약), 99.12
27. 2000년 한국전자상거래 시장전망 (EC연구조합), 99.12
28. 국내 인터넷쇼핑몰의 현황 및 변화추세 (강임호, KISDI), 99.6
29. 국내기업의 인터넷상거래 활용실태와 과제 (전경련), 99.6
30. 국내 전자상거래 시장규모 (i-BizNet제공)
31. 세계 전자상거래 시장규모 (i-BizNet제공)

32. 전자상거래관련 국제적 논의동향과 주요이슈 (99.7,재정경제부 세제실)

33. 전자거래기본법(99.2.8 제정)

34. 전자거래기본법시행령(99.6.30 제정)

35. 전자서명법(99.2.5 제정)

36. 전자서명법시행령(99.6.30 제정)

37. 전자서명법시행규칙

38. 전자상거래 뉴스(EC뉴스) 사단법인 한국 커머스넷 제공

39. 고객만족을 위한 CRM 최정환외. 다산출판사 2007 .4

40. SI마케팅이론의 실용화 방안 권중호 문두사 2007 .5

41. 마케팅 변명식 범한 2008.3

42. 모션캡쳐 장비 개발론 권중호 보명북스 2008 .6

43. 전자상거래용 시뮬레이션 권중호 보명북스 2008 .7

저자 약력

권 중 호

장안대학교 교수
경복대학외래교수역임
안동과학대학겸임교수역임
(주)포워드시스템즈 고문
(주)이엠씨에스CEO
Orbcomm USA CMO
QAD ERP Consultant
(주)매크로임팩트 Vice CEO
(주)세아정보시스템 CMO
(주)한일정보통신 CMO
법무법인우암 경영고문
대진자동차 전문학원 고문
숭실비전포럼 회원
숭실대학원 벤처중소기업학과 원우회 고문
숭실대학원 PhD Management Course Finished
Grad. KNOU MBA.
Orbcomm Grad. Campus USA. DBA
http://blog.daum.net/paulwww
http://cafe.daum.net/kup7080

수상 문교부장관 표창.
구로구청장 표창.

유통물류를 위한 SI(시스템통합) 마케팅

2015년 8월 10일 인쇄
2015년 8월 17일 발행
저 자 권 중 호·조 광 행 공저
펴낸이 오 성 겸
펴낸곳 **오성미디어**
주 소 132-916 서울시 도봉구 창 3동 491-1
전 화 02)997-0136
FAX 02)997-0137
등 록 2000. 5. 12 제 7-212 호
ISBN 978-89-6628-161-9 정가 19,000 원